KB090745

퇴근 후
아마존

최우석, 김대원, 윤일도 지음

BM (주)도서출판 성안당

퇴근 후 아마존

2021. 1. 4. 1판 1쇄 인쇄
2021. 1. 12. 1판 1쇄 발행

저자와의
협의하에
검인생략

지은이 | 최우석, 김대원, 윤일도
펴낸이 | 이종춘
펴낸곳 | BM (주)도서출판 **성안당**

주소 | 04032 서울시 마포구 양화로 127 첨단빌딩 3층(출판기획 R&D 센터)
10881 경기도 파주시 문발로 112 파주 출판 문화도시(제작 및 물류)

전화 | 02) 3142-0036
031) 950-6300

팩스 | 031) 955-0510
등록 | 1973. 2. 1. 제406-2005-000046호
출판사 홈페이지 | **www.cyber.co.kr**
ISBN | 978-89-315-9106-4 (03320)
정가 | **13,800원**

이 책을 만든 사람들

기획 | 최옥현
진행 | 최창동
교정·교열 | 안혜희
본문·표지 디자인 | 앤미디어
홍보 | 김계향, 유미나
국제부 | 이선민, 조혜란, 김혜숙
마케팅 | 구본철, 차정욱, 나진호, 이동후, 강호묵
마케팅 지원 | 장상범
제작 | 김유석

■ **도서 A/S 안내**

성안당에서 발행하는 모든 도서는 저자와 출판사, 그리고 독자가 함께 만들어 나갑니다.
좋은 책을 펴내기 위해 많은 노력을 기울이고 있습니다. 혹시라도 내용상의 오류나 오탈자 등이 발견되면 "좋은 책은 나라의 보배"로서 우리 모두가 함께 만들어 간다는 마음으로 연락주시기 바랍니다. 수정 보완하여 더 나은 책이 되도록 최선을 다하겠습니다.
성안당은 늘 독자 여러분들의 소중한 의견을 기다리고 있습니다. 좋은 의견을 보내주시는 분께는 성안당 쇼핑몰의 포인트(3,000포인트)를 적립해 드립니다.

잘못 만들어진 책이나 부록 등이 파손된 경우에는 교환해 드립니다.

PREFACE

이 책은 어떤 책인가요?

이 책에 대해 소개하기 전에 우선 '슈피겐코리아(Spigen Korea)'라는 회사를 살펴볼 것이다. 슈피겐코리아는 세계적인 모바일 액세서리 전문 브랜드 회사로, 2014년 상장된 후 매년 20~30%씩 꾸준히 성장해서 2020년 (예상) 4,000억 원의 매출을 올리고 있는 우리나라에서 보기 드문 중견 기업이다.

슈피겐코리아는 내가 입사한 2010년 6월에는 해외 매출액이 40억 원 정도에 불과하였다. 하지만 2019년에 3,000억 원 대의 매출을 기록하는 중견 기업으로 크게 성장한 것은 아마존에서의 전략과 판매 성과를 바탕으로 한 플랫폼 때문이다. 실제로 2019년도 3,000억 원 이상의 매출 중 80% 이상의 매출이 아마존과 온라인 플랫폼에서 이루어졌다. 이 책은 아마존과 관련된 밀접한 판매 노하우뿐만 아니라 판매 경험을 전달하고, 아마존과 연관되어 긍정적인 판매 기록을 이룩할 수 있도록 실제로 어드바이스(advice)하는 책이다.

《퇴근 후 아마존》은 슈피겐코리아의 최우석(前 슈피겐코리아 해외사업 부문 총괄 9년/現 페이보넥스코리아 대표), 김대원(前 슈피겐코리아/現 언더독 해외사업팀 팀장), 윤일도(前 슈피겐코리아/現 아이씨비 제플린팀 팀장), 이렇게 세 명의 공동 저자가 자신들의 업무 경험을 바탕으로 집필한 책이다. 이 책의 가장 큰 키워드는 요즘 모든 연령층, 특히 젊은 직장인들에게 핫이슈인 '퇴사 후 진로/커리어에 대한 고민'이다. 앞에서 소개한 3명의 공동 저자는 '아마존'이라는 플랫폼에서 사업을 하기 위해 무엇을 고려해야 하고, 어떤 것을 고민해야 하는지 솔직하게 이야기해 줄 것이다. 그리고 슈피겐코리아에서의 경험과 현재의 일터에서 배우고 경험한 일을 생생하게 전달하는 데 목적이 있다. 이러한 선임자들의 간접 경험을 통해서 매출 향상 방법과 판매 노하우를 몰라서 고민하는 독자들에게 큰 도움이 되고자 이 책을 집필하게 되었다.

추천사

• 개척과 성공의 동반자!

최우석 대표는 저와 함께 가장 측근에서 아마존을 개척한 멤버 중 한 명이자, 미국 진출에 대해 나에게 결정적인 제안을 하신 분이다. 아마존뿐만 아니라 글로벌 오프라인 채널 영업까지 많은 전략을 같이 만들었고 실패와 성공을 함께 경험하였다.

– 김대영 슈피겐코리아 대표

• 언택트가 대세인 시대,《퇴근 후 아마존》으로 지혜를 배우자!

아마존 비즈니스에서 성공한 저자들의 노하우가 풍성히 담긴《퇴근 후 아마존》은 경험을 기반으로 쓰였기에 쉽게 읽히면서 신선하고 매우 유익하다. 플랫폼 접속 속도가 중요한 4차 산업의 초경쟁 시대에 스타트업 기업을 꿈꾸는 자에게는 신선한 사이다와 같은 팁들로 가득한 지혜서이고, 저자들의 지혜가 응용 및 확장되어 있다. '이 땅에 아마존 비즈니스 성공자들이 지속적으로 배출된다면 언택트 시대에 유리천장을 뚫어야 하는 청년들에게는 새로운 출구가 아닐까?' 이런 생각을 하니 가슴이 설렌다. '공유와 함께'라는 성공적인 경영원칙을 실천하려는 저자들의 도전이 축복과 형통으로 이어지기를 간절히 소망하면서 마음속 깊이 응원한다.

– 강팔용 한국청지기아카데미 대표

• 미래를 여는 그대에게 영감을 주는 책!

《퇴근 후 아마존》은 포스트 코로나를 살아가는 우리에게 이미 미래사회를 준비해 둔 혁신의 도구이다. 페이보넥스의 최우석 대표는 아마존을 활용한 최고의 비즈니스맨이다. 나는 책을 고를 때 세 가지 기준이 있다. 첫째, 저자가 그 분야의 전문가인지, 둘째, 저자가 그 분야의 성공한 사람인지, 마지막으로 저자가 쓴 책을 덮고 나에게 영감을 주고 있는 책인지를 살펴보는데, 단언코 이 책은 독자들에게 이 세 가지를 모두 충족할 수 있는 좋은 책이다.

– 데이비드 옥 소사코리아 대표

• 창업의 나침반 같은 놀라운 내용이 가득!

비즈니스맨에게 아마존은 범접할 수 없는 신기루와 같은 존재이다. 아마존 유통현장에서 이것을 공략한 저자의 전략적인 경험담은 그야말로 미로 속을 헤쳐나가는 창업자들에게 나침반과 같은 의미를 부여한다. 이것은 '슈피겐'이라는 대함대에서 작은 배로 갈아탄 그의 창업스토리에 그대로 반영되어 있다는 점에서 더욱 놀랍다. '계획이란 미래에 대한 현재의 결정이다.'라는 피터 드러커의 말처럼 목표를 향한 치밀한 계획과 업무 수행 중 빚어지는 갈등 치유, 그리고 경쟁력을 향한 그만의 부심이 생생하게 담겨 있다. 정글 같은 아마존 플랫폼에 승자가 되기 위한 전략적 제안은 《퇴근 후 아마존》 일독의 충분한 이유가 되고도 남음이 있다.

— 맹명관 마케팅스페셜리스트

• 세계로 진출하려는 대한민국 청년들에게 선물 같은 책!

전 세계를 강타한 COVID19사태로 이제까지 상상할 수 없었던 불확실성의 시대가 시작되었다. 이와 같은 어려운 시기에 자기가 오랜 기간 쌓은 경험과 글로벌 진출 노하우를 공개한다는 것은 이러한 초경쟁사회에서 도태를 자초하는 일은 아닐지. 그러나 이 책을 통해 '다들 함께 넓은 시장에서 꿈을 펼쳐보자.'라는 좋은 뜻을 보게 되었다. 따라서 한국 젊은이들과 비즈니스맨들이 글로벌로 진출하는 엑소더스(Exodus)의 기회를 마련하는 계기가 되면 좋겠다. 나는 오랜 기간 한국과 외국에서 학생들을 가르치면서 총명하고 역량이 뛰어난 우리 젊은이들이 이 작은 시장에 갇혀서 서로 경쟁하고 다툼에 매몰되는 것을 수없이 많이 지켜보면서 무척 안타까웠다. 《퇴근 후 아마존》이 저자의 바람처럼 아마존 플랫폼과 글로벌 시장의 진출을 도전하는 사람들에게 작지만 큰 울림이 되기를 간절히 기원한다.

— 최인철 고려대 교수/한국멀티미디어언어교육학회고문/현재 한국영어평가학회회장

CONTENTS

Chapter 01
아마존에서 브랜드 사업하기

최우석

(現) 페이보넥스코리아 대표 – Steinder 브랜드 오너

(前) 슈피겐코리아 해외사업 부문 총괄 9년

45세에 인생의 제2의 막을 열다!

나는 30대와 40대를 거쳐 약 9년간 슈피겐코리아의 해외사업부에서 핵심적인 역할을 수행하면서 열심히 일하였다. 업무를 시작한 지 9년 만에 해외사업 부문이 매출 40억 원 대에서 시작하여 4,000억 원을 넘는 사업적 성과를 기록했고, 그 결과 나는 인생의 전성기라고 생각하는 매우 특별하고 소중한 시간을 지냈다. 이후 2019년에 나는 세상 밖으로 나왔고, 휴식기간을 가지게 되었다.

'슈피겐코리아'라는 회사에서 초창기부터 해외사업을 세팅하고 함께 성장하였기 때문에, 이 과정에서 나는 감정 이입이 많이 되어 있었다. 또한 추억도 너무 많았기 때문에 '슈피겐'이라는 세상 밖으로 나오는 것이 쉽지 않았다. 게다가 용기 내어 뛰쳐나온 세상이 익숙하지도 않았다. 그래서 나는 그동안의 경험을 바탕으로 아마존과 해외영업에 대한 컨설팅 사업을 계획하게 되었지만, 이 과정에서 나 자신에게 한 가지 의문이 생겼다.

"우석아! 네가 정말로 아마존 비즈니스를 잘할 수 있을까? 슈피겐이 아닌, 너희 사업부의 성과가 아닌, 너 자신의 성과와 역량을 보여줄 수 있어?"

이렇게 나 스스로에게 질문한 후 나는 깊은 고민에 빠져버렸다. 그리고 내가 할 수 있는 사업 성과를 먼저 만들어 보려고 기존 컨설팅 사업 계획을 접고 2019년 11월 아마존 사업을 기획하였다. 이후 뷰티&헬스 카테고리의 'Steinder'라는 브랜드를 만들었는데, 2020년 1월에 최초 제품이 입고되었다. 이렇게 나는 '아마존'이라는 큰 바다에 혈혈단신 다시 뛰어들게 되었다.

퇴직 후 아마존을 시작한 지 2달 만에 적지만 바로 매출 성과를 내었고, 현재까지 계속 유통망을 확장하고 있다. 하지만 시간이 가장 많이 걸리고 난이도가 가장 높은 글로벌 브랜드를 만들어내는 작업은 시간과 노력뿐만 아니라 비용도 많이 들어가기 때문에 빠른 시간 안에 성과를 내기가 쉽지 않다. 이제 시작했거나 시작하려는 또 다른 도전자에게 나의 아마존 도전기를 통해 작지만 도움이 되고자 이 책을 집필하게 되었다.

김대원

(現) 언더독 해외사업팀 팀장

(前) 슈피겐코리아 아마존 다이렉트 세일즈팀 7년 경력

　　아마존 모바일 액세서리 Best Seller

'아마존 세일즈의 진솔한 내용을 풀어내다!

내가 아마존 세일즈를 처음 시작할 때 느낀 어려움을 비슷하게 겪고 있을 셀러들을 위해 이 책을 출판하게 되었다. 이 책에서는 7년간 아마존 세일즈를 하면서 배운 내용을 진솔하게 풀어내려고 했는데, 나의 이야기가 독자 여러분에게 조금이나마 도움이 되기를 바란다.

내가 7년 동안 근무했던 슈피겐코리아를 간단히 소개하면 휴대폰 케이스, 무선 충전기, 차량용 액세서리와 같은 모바일 액세서리를 만드는 회사이다. '슈피겐'이라는 이름만 보고 독일계 회사로 착각하지만, 2009년에 설립된 한국 기업으로, 2014년에 업계 최초로 코스닥 상장에 성공했고, 올해로 창립 11주년을 맞이하였다.

지난 10년간 슈피겐이 아마존을 통해서 올린 누적 매출은 약 6,000억 원으로, 전체 매출 중 아마존에서 발생한 매출이 65%를 차지한다. 온라인 매출만 놓고 보면 전체 매출의 90%에 육박하니 아마존의 마켓파워가 매우 막강하다는 것을 알 수 있다. 현재 신규 법인 언더독(Underdog)은 아마존에 특화된 전문 조직으로, 미국 아마존 유통 판매에 대한 노하우를 가지고 있다. 그래서 국내에서 퀄리티가 높은 제품을 미국 아마존을 통해 수출 판로를 개척할 목적으로 설립되었다. 언더독은 해외에서 통할 상품인데도 복잡한 절차 때문에 수출을 어려워하는 제조업체의 수출 판로를 열어주고자 현재 국내 제품 위주로 아마존 판매를 진행하고 있다.

윤일도

(現) 아이씨비 제플린팀 팀장
(前) 슈피겐코리아 플랫폼사업팀

소중한 경험을 '디지털 브랜딩' 관점에서 소개하다!

나는 신사업 및 서비스기획 분야에 몸담아 왔으며, 주로 크로스보더 이커머스 사업을 기획하고 운영했기 때문에 아마존은 항상 관심의 대상이었다. 슈피겐코리아에 입사하면서 자연스럽게 '아마존'이라는 생태계에 발을 내딛게 되었고, 그곳에서 최우석 대표님, 김대원 팀장님과 소중한 인연을 맺게 되어 지금 이 책을 함께 집필하게 되었다.

현재 시장에 나와 있는 아마존 관련 서적들은 단지 아마존을 '시작'하기 위한 방법을 소개하는 매뉴얼 성격의 서적이 대부분이다. 그리고 지면이 한정적이라는 문제 때문에 매우 중요한 '디지털 브랜딩' 영역을 다루지 않는 경우가 많아 나는 매우 안타깝게 생각하고 있었다. 그래서 이 책에서는 기존 서적에서 다루지 않은 '디지털 브랜딩'에 대해 이야기하는 데 중점을 두었다. 풍부하고 성공적인 실전 경험을 갖고 있는 최우석 대표님, 김대원 팀장님께서 아마존에 대한 접근법에 대해 명쾌하게 풀어내셨기 때문에 여기에 나는 작지만 소중한 경험을 바탕으로 온라인 브랜딩 관점에서 내용을 풀어내도록 노력하였다.

이 책이 조금 더 알차게 구성되었으면 하는 바람으로 추가된 내용이 부디 독자 여러분에게 아마존에서 성공적으로 자리잡는 데 매우 유용한 도움이 되었으면 한다.

이 책을 내면서 & Special Thanks-최우석

'슈피겐'이라는 인생의 전반전을 돌아온 지도 벌써 1년이 훌쩍 넘었다. 2019년 8월 19일로 페이보넥스를 창업했으니 벌써 1년 4개월째 생존 및 성장 진행 중이다. 이렇게 너무나 힘들고 어려운 시기에 창업을 했고, 이제까지 살아남았으니 나 스스로에게 많이 감사하고 있다.

2020년 11월 어느 날 김대영 사장님을 개인적으로 만나서 아주 유쾌한 시간을 가졌다. 회사를 다닐 때는 감히 하지 못했던 이야기~~ 그리고 당시는 사장님으로 모셨던 분에게 할 수 없었던 여러 가지 에피소드를 이야기하면서 10년 간의 수많은 일들을 회상하는 시간을 가졌다. 김대영 사장님이 대화 중에 "완전 슈피겐을 닮아가는구나?"라고 말씀하셨고, 나는 "네!~ 몸으로 철저히 배웠으니까요!"라고 하면서 거의 망설임 없이, 그리고 거침 없이 대답을 했다.

그렇다! 내가 지금 페이보넥스에서 만든 슈테인더 브랜드의 모든 전략과 유통 스타일은 슈피겐에서 몸으로 배우고 익힌 것들이다. 그동안 철덩어리처럼 무던하고 더딘 나를 아마존 시장과 슈피겐이라는 회사와 김대영 사장님, 그리고 우리 해외사업부 조직이 갈고 닦아 예리하게 단련시킨 것 같다. 지금의 나는 김대영 사장님의 제자이면서 우리 슈피겐 해외사업부의 제자이고, 슈피겐의 졸업생이다. 앞으로 내가 가진 전문 역량을 내가 있는 필드에서 펼치면서 나와 같은 사람들과 성장할 것이다. 내가 성장하는 중에는 꼭 슈피겐을 조명하겠다고 내 마음속으로 약속하였다.

다시 한번 나를 '하루하루 감사히 살 수 있는', '조금이나마 나누어 줄 수 있는' 전문인으로 키워준 '슈피겐' 회사와 나와 함께 한 수많은 해외사업부 조직원들과 동료들, 특히 내가 존경하는 김대영 대표님께 꼭 감사의 마음을 전하고 싶다.

▲ 2010년 싱가포르/말레이지아 해외 시장 개척을 위한 첫 출장 때 김대영 사장님과 함께

아마존에서 브랜드 사업하기

– 최우석 대표

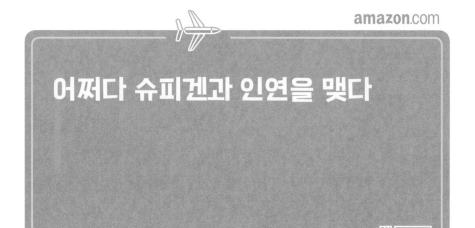

amazon.com

어쩌다 슈피겐과 인연을 맺다

2010년, 슈피겐에 입사하다

2010년 6월, 나는 일생일대의 기회를 얻게 된 SGP코리아라는 아주 작은 회사에 들어갔다. 사실 나의 첫 직장 상사였던 최철규 본부장(슈피겐코리아의 現 경영지원본부 부문장님)의 추천이 없었다면 나는 입사하지 않았을 것이다. 왜냐하면 당시 SGP코리아(現 슈피겐코리아)는 너무 규모가 작았고, 나와는 맞지 않을 것이라는 선입견을 가지고 있었기 때문이다. 사실 그 당시에는 대치동의 한쪽에 있던 그 회사가 나를 오늘날의 나로 급성장시켜줄지는 상상조차 하지 못하였다.

면접 날 처음 뵈었던 김대영 대표님은 좀 특이한 사람이라고 생각하였다. 면접 때 직원들에게 비전을 주는 것이 옳은지, 옳지 않은지에 대해 질문했기 때문에 이것에 대해 중점적으로 이야기를 나누었다. 나는 직원들에게 비전을 주어야 한다고 말했지만, 대표님은 반대로 비전을 앞세워서 직원들을 착취해서는 안 된다고 심도 있게 이야기하셨다. 이러한 대표님의 답변보다 더 이상했던 것은, 내가 입사할 당시 직원들

모두 반바지에 슬리퍼 차림을 하고 있어서 마치 민간 봉사 조직 같은 느낌이었다. 그러나 회사 분위기는 무언가 엄청 바쁘게 돌아갔다. 한마디로 표현해서 여름특강을 하는 강남의 학원 같은 느낌이어서 회사가 좀 이상해 보였다. 많은 직원들은 지인이나 지인의 지인으로 구성되어 있었다. 나도 지금 스타트업을 운영하고 있기 때문에 채용의 어려움을 잘 알고 있다. 당시에는 SGP코리아도 회사 규모가 작았으니 채용이 어려웠을 것이다. 게다가 아는 사람들로 구성되어 운영되니 회사라는 느낌보다 서로 친한 친목 단체 같은 느낌이 더 강했던 것 같다.

당시 나는 30대 중반으로, 인생에서 제일 창창한 나이였기 때문에 첫인상이 작고 이상해 보이는 SGP코리아에 입사하는 것이 당연히 꺼려졌다. 그러나 나는 SGP코리아(Stylish's People's Good Partner)에 입사했는데, 이렇게 SGP에 들어온 것이 바로 나에게는 일생일대의 기회였던 것이다. 그리고 SGP는 사춘기부터 인생을 망쳤다고 생각했던 나에게 인생 반전의 계기가 될 수 있는 발판을 마련해 주었다.

창립 10년도 되지 않아 매출 3,000억 원이 넘은 슈피겐코리아는 어떤 회사일까?

슈피겐코리아는 모바일 액세서리를 전 세계 거의 모든 국가에 판매해서 브랜드 가치를 높이고 있다. 사실 우리나라는 대기업을 제외하고 브랜드를 형성하는 중소·중견 기업이 흔하지 않다. 하지만 슈피겐코리아는 매출 포트폴리오에서도 매우 탁월해서 2019년에는 매출 3,000억 원을 달성했는데, 이 중 아마존에서 80% 이상의 매출을 올렸다. 그 결과, SGP는 글로벌 모바일 액세서리 사업군뿐만 아니라 아마존 모바일 주변기기 글로벌 회사 중 선두에 선 핵심 강자가 되었다.

지금은 강남에 화려한 사옥이 있지만, 2010년에 내가 SGP코리아 해외사업팀에 입사했을 때는 그렇지 않았다. 2년차 매니저가 나보다 2주 전에 입사해서 다양한 업무를 담당하고 있었고, 나는 팀원이 한 명밖에 없는 아주 작은 팀의 팀장을 맡게 되었다. 설상가상 나는 팀장 경험도 전혀 없었다. 2019년이 되어서야 한국의 본사에서 가장 규모가 큰 팀이 되었지만(본부는 60명 이상), 입사 당시는 제일 작은 팀이었다. 어쨌든 나는 매우 영리하지도 않았고 세상 트렌드에 아주 큰 관심도 없었지만, 세상을 변화시키는 트렌드 속의 사업군에 있었고, 가장 스마트한 비즈니스를 배우고 있었다.

우리 회사는 모바일기기, 즉 IT기기 액세서리를 만드는 회사다. 그래서 자신이 원하지 않아도 세상을 바꾸는 애플의 아이폰과 삼성 갤럭시 모바일폰 제품의 스펙과 장점, 그리고 출시 시기 및 유통되는 장소를 파악해야 하였다. 애플 아이폰이 출시되는 Key note 때는 제품 출시를 지켜보려고 밤을 세우기도 하였다. 이렇게 세상을 움직이는 제품들의 출시일자와 제품별 특징을 학습해야만 하는 사업 분야였기 때문에 나도 그 한가운데서 자연스럽게 훈련되고 있었다.

▲ 2010년 입사했던 SGP코리아가 있었던 만수빌딩 & 미선빌딩

슈피겐코리아와 OVD(Overseas Development) 해외사업팀

슈피겐코리아에 처음 입사한 날부터 정신없이 일하였다. 이것은 이전에 한 번도 경험해 보지 못했던 상황이었다. 이전에 다니던 회사에서는 어떻게든 해외에 수주하려고 해외시장의 문을 엄청 두드렸지만, 제대로 되지 않는 경우가 많았다. 슈피겐코리아(당시 SGP코리아)는 생산량도 정상화되지 못했지만, 이전 회사에서 발주했던 발주량의 10%도 제대로 공급을 하지 못하다 보니 생산 업무와 패키지 조립뿐만 아니라 필요할 때마다 내가 직접 포장 생산라인에 투입되는 등 업무의 범위가 매우 넓었다. 사실 '넓다'는 것은 좀 우아한 표현이고, 발주 분량에 맞추어 출고하기 위해서 생산 관련 입고 수량부터 패키지 포장 작업까지 닥치는 대로 일해야 하였다. 그런데 아주 재미있는 것은, 그 당시에 모든 방면에서 경험했던 것들이 현재 창업해서 모든 일을 직접 해야 하는 나의 상황에 아주 큰 도움이 되었다는 점이다.

당시는 2~3일에 불과한 연차 휴가도 제대로 못 쓰고 모두 반납한 채 미친 듯이 일을 하였다. 나뿐만 아니라 나와 함께 하는 몇몇 직원들도 휴가를 반납하고 열심히 일하였다. 이렇게 일에 미쳐있을 때 재미있는 기억이 있다. 나의 첫째 아이가 2010년 6월 26일에 태어났는데, 그날이 토요일 새벽이었다. 그래서 아이가 태어났어도 그 다음 주 월요일부터 다시 출근해서 또 열심히 일하였다. 항상 옆에서 마음으로 도와주고 배려해 준 아내와 큰 아이 서현에게 무척 감사한다. 출고량이 많은데 포장이 안 되어 있으면 우리는 자발적으로 토요일에 나와서 제품 포장을 하였다. 2010년 9월 어느 토요일, 서현이가 아직 백일도 채 되지 않아 아주 어린 아기였을 때 아내와 나, 그리고 당시 매니저였던 배윤조(現 파워아크 부문장)는 회사에 출근하여 서현이를 선반에 올려놓고 제품 포장을 하였다. 지금 생각하면 아찔하지만, 너무 아름다웠던 추억 중 하나이다. 그렇게 슈피겐에 나의 열정과 인생, 그리고 꽤 많은 부분을 바치면서 팀과 함께 나는 성장하고 있었다.

2010년 입사 후 하루하루 열심히 살았더니 첫 해를 지나고 2011년에는 회사가 200% 정도 성장한 것 같았다. 왜냐하면 아이폰 4와 아이폰 4S가 출시되고 세상을 뒤집으면서 전 세계가 아이폰과 삼성의 갤럭시 스마트폰의 고객이 되었고, 이에 따라 슈피겐도 어마어마하게 성장하였다. 밀려드는 주문량에 업무량이 엄청 늘어나면서 시스템이 아닌 사람으로 업무량을 커버하였다. 원래 두세 명이었던 팀은 갑작스럽게 팀원이 늘어나서 7~8명의 직원들과 함께 일하는 팀이 되었다. 이렇게 시스템이 안정되고 확정되면서 조직과 해외영업도 하나씩 늘려갔다. 당시 우리가 가장 큰 성과를 냈던 해외 국가는 러시아, 중국, 일본, 태국, 싱가포르, 인도네시아 등이었는데, 이들 국가의 바이어들도 아주 젊은 20대 파트너사들이 많았다. 우리도 아주 젊은 팀으로 빠르게 성장하고 있었다.

2012년 초에 좀 희한한 일이 생겼다. 김대영 대표님께서 당시 해외사업팀을 갑작스럽게 해외사업본부로 승격시킨 것이었다. 그런데 본부장은 공석이었고 나는 팀장으로 총괄을 맡은 구조였다. 대표님은 어떤 전략으로 팀을 본부로 승격시켰는지에 대해 나는 계속 궁금하였다. 나는 한 해의 영업 성과로 내가 해외사업 본부장이 되거나, 아니면 내 위로 본부장이 온다고 생각하였다. 그때부터 나는 조직이 통제되지 않는 어려움을 겪기까지 해외 출장을 어마어마하게 많이 다녔고, 해외 파트너 대표들과 그 지역에서 여러 가지 전략과 판매 계획을 협의하였다. 왜냐하면 내가 본부장이 된다면 이렇게 쌓은 해외 파트너십이 자연스럽게 강화될 것이고, 다른 사람이 본부장으로 온다면 나의 해외시장에서의 역할 자체를 Take Over하려면 2년 이상 필요할 것이라는 나름의 전략이 있었다. 나중에 여권을 살펴보니 이 기간 동안 19개국에 출장을 다녀왔으니 2012년에는 정말 많은 해외시장을 다녔던 것이다. 나는 어려운 사춘기 시절을 겪으면서 생존 본능이 생겼고 나만의 상황 파악력이 길러진 것 같다. (사춘기 시절에 내가 힘들었던 일은 뒤에서 간단히 언급할 예정이다.)

마침내 2013년 내가 본부장이 되었다. 나는 그 당시 최연소 임원이었고, 몇 년 후 사내 임원까지 업무를 담당할 수 있는 기회가 생겼다. 나는 요즘 젊은이들에게 희망 고문을 하고 싶지는 않다. 나를 만나보면 알겠지만, 나는 절대 난놈이거나 기회를 잘 잡는 그런 사람이 아니다. 그냥 살아가면서 기회라고 생각했고, 일에 욕심을 냈으며, 열정을 가지고 열심히 일했던 것이다. 그러나 나는 말하고 싶다.

"기회는 누구에게나 반드시 온다!"

2010년부터 가장 트랜드한 산업군에 있던 슈피겐코리아는 다른 경쟁사보다 글로벌 시장에서 정말 빠르게 확장하였다. 글로벌 시장은 두 개의 큰 팀이 담당했는데, 그중 하나는 미국 캘리포니아주의 얼바인(Irvine California)에 위치한 미국 지사와, 다른 하나는 내가 총괄했던 해외사업본부였다. 2010년 슈피겐에 입사한 후 매년 200~300% 매출 성장에도 불구하고 해외사업을 총괄했던 나는 대표님과 해결해야 하는 문제가 있었는데, 그것이 나에게는 가장 큰 숙제였다. 회사는 2012년과 2013년에 걸쳐 지속적으로 크게 성장했고, 2014년에는 '코스닥 상장'이라는 큰 성과를 냈지만, 나에게 풀리지 않았던 부분이 있었다. 그것은 바로 '제품별 판매 영업 전략'이었다. 모든 면에서 전략적인 사고를 가지고 있었던 대표님은 나에게 매우 까다롭고 어려운 분이었다. 매출은 300억 원 이상부터 크게 늘지 않았고, 미국 지사에 계셨던 대표님은 제품별 영업 전략에 대해 계속 압박하셨다. 참고로 슈피겐은 주요 SKU(Stock Keeping Unit)가 200~300개 정도 되었고, 매년 500~600개 제품들이 출시되고 있었기 때문에 주요 라인업뿐만 아니라 모든 제품에 대해서도 각각의 전략이 필요했던 상황이었다.

당시 대표님은 미국에 계셔서 금요일 밤에 꼭 전화를 하셨다. 그러면 시차 때문에 나는 한국 시간으로 토요일 아침에 전화를 받았는데, 이 전화 때문에 나는 극심한 스트레스와 공포에 시달렸다. 아직도 기억에 나는 토요일 통화가 있는데, 그날도 토요일 아침에 대표님께서 전화하셔서 제품별 전략과 프로젝트에 대해 말씀하셨다. 그 당시에는 각 국가별 유통 채널이 대부분 에이전트나 파트너사였는데, 대표님께서는 해외영업 총괄로서 답변하거나 진행하기 힘든 요청을 많이 하셨다. 예를 들면, 이번에 우리 본부에서 요청되어 개발된 제품인 ○○○폰의 '울트라 하이브리드'가 터키의 어느 유통에서, 어떤 경쟁사와 경쟁을 하며, 어떤 전략을 가지고 있는지 물으셨다. 또는 이번에 해외영업에서 개발을 요청한 제품들이 지금 얼마나 팔렸냐? 어떤 전략으로 팔려고 제품 개발 요청을 했냐? 지금 이 제품은 어떤 방식으로 홍보를 진행하냐? 등의 질문을 하셨는데, 결국 그날도 나는 대표님께 엄청 질책을 받았다.

사실 해외 거래처에서 받는 정보는 수출 물량 정도는 파악할 수 있지만 실시간 정보가 아니었고, 판매량 계수도 실시간으로 오지 않을 뿐만 아니라 전략 자체도 요청하기에 무리인 경우가 많았다. 왜냐하면 에이전트들도 각자의 이익을 추구하는 사업체이고, 손해가 많이 날 것 같은 투자나 마케팅은 진행하지 않으며, 유통별 판매량과 같은 본인들의 핵심 정보는 잘 공유하지 않는다. 해외영업 업계에 종사하는 관계자들은 잘 알겠지만, 지사도 없고 국가별 유통에 대한 이해도 없는 상황에서 아무리 슈피겐이 브랜드 회사라고 해도 에이전트들을 상대로 마음대로 영업 브랜드 전략을 주도적으로 진두지휘하기는 매우 힘들다. 그러나!!! 당시 미국 지사는 이미 아마존에 사업을 진행해서 큰 성과를 내고 있었다. 뿐만 아니라 아마존 플랫폼의 경우에는 제품별 전략과 판매 전략, 그리고 가장 중요한 가격과 홍보 전략, 광고 비용까지 원하는 대로 모두 디테일하게 세울 수 있었기 때문에 글로벌 시장을 맡고 있는 나와는 매우 다른 환경에 놓여 있었다. 결국 그 차이만큼 나의 고민과 어려움은 더욱 커지고 있었다.

그러던 어느 날, 내가 건강검진을 받고 있는 오전 시간에 김대영 대표님에게서 전화가 왔다. 계속 업무와 관련된 통화를 하다가 검진에서 내 차례였지만 결국 못 들어갔고 검사도 한두 시간 계속 늦어지는 상황이 발생하였다. 순간 짜증이 났지만 어쩔 수 없었다. 오랜 시간 통화하다가 대표님이 내린 결론은 바로 이것이었다.

"최이사님, 미국에 와서 아마존을 배우세요!"

영화와 같은 시나리오는 여기서부터 시작한다. 결국 대표님은 한국 본사에서 두 명의 실무자를 데리고 미국 지사로 오라는 것이었다. 11월 초가을 어느 날, 늦어지는 건강검진 때문에 몸과 마음이 많이 힘든 상태에서 마음속으로 나는 외쳤다. 그래! 미국에 직접 가서 배워서 해 보자! 사실 나도 김대표님과의 관계에서 마음속에 칼을 갈고 있었다. 아마존을 잘 배워서 나도 아마존 사업을 키워보겠다고!

지금에 생각해 보면 그때가 나의 일생일대에서 매우 중요한 순간이었다. 사실 나의 인생뿐만 아니라 슈피겐의 해외사업 진출과 성장에 아주 중요한 역할을 할 수 있는 순간이었다. 결과적으로 그로 인해 2018년에는 해외사업 분야가 1,060억 원이 넘는 매출을 기록했고, 20명 정도에 불과하던 조직이 75명 정도의 거대 조직으로 발전할 수 있었으며, 내가 지금 이 책을 쓸 수 있는 계기가 되었다. 그때 나와 함께 미국으로 떠났던 두 명의 실무자는 지금 슈피겐코리아에서 최대 매출을 올리는 데 매우 긴밀한 역할을 하고 있고, 슈피겐코리아에서 흔치 않는 초고속 승진 팀장이 되었다. 그리고 그중 한 사람이 바로 이 책의 공동 저자인 김대원 팀장이다.

미국 캘리포니아에서 아마존을 배우다

"타깃 제품이 무엇인가요?"

2014년 나는 미국 지사에서 아마존을 배웠다.

미국에 두 명의 우리 팀원을 데리고 사무실로 간 첫날! 우리를 가르쳐 주는 한 책임자 (미국 지사 온라인 영업 총책임 제○○, 현재 부문장)가 우리를 회의실에서 맞이하였다. 물론 나는 미국 지사를 여러 번 다녀와서 낯설지 않았고 미국 지사의 구성원을 어느 정도는 파악하고 있었다. 당시 나는 본부장이었고 제○○ 부문장은 당시 팀장이었기 때문에 나에게 그렇게 압박을 주는 상황은 아니었다. 하지만 제○○ 팀장이 던진 질문 때문에 우리 팀은 순간 얼어버렸다.

"담당자가 누구죠?"

"저 김대원 매니저입니다"

"아마존에서 타깃은 어떤 제품인가요? 그리고 우리는 어떤 제품으로 대응할 건가요?"

아주 얼음처럼 질문했는데, 우리 직원들은 그냥 얼어서 대답도 잘 못하였다. 나는 중간에서 아직 우리가 준비가 잘 안 되어 있어서 미안하다고 인터셉트해서 최대한 우리가 준비되지 않은 이유에 대해 설명했지만, 나도 사실 약간 긴장되었다. 첫 미팅에서 우리가 반드시 타깃과 전략 & 이행 계획을 가지고 들어가야 했던 것은 '어떤 제품이 우리가 쫓아가야 할 타깃'이고 '우리는 무엇을, 어떻게, 그리고 어디서 어필해서 시장에 들어가는가'였다. 이후 미국 아마존 영업팀의 실무자들에게 간단한 교육을 받았다. 지금 생각해 보면 이미 궤도에 오른 팀들이 운영하는 시스템에서는 업무 분담

이 잘 되어 있어서 그 조직 안에 있었던 것 자체만으로도 많이 배울 수 있었다. 사실 한국에서는 아마존을 체계적으로 잘하는 팀이 현재도 많지 않고, 이 분야가 생소한 비즈니스 모델이기도 하다. 하지만 나는 운 좋게 이러한 모델을 미리 배울 수 있었고, 특히 그들이 테스트했던 내용을 간접적으로나마 지켜봤던 것이 큰 도움이 되었다. 하지만 그들은 정보를 공유하거나 데이터를 주지는 않았기 때문에 나는 상황 파악력과 합리적 추리로 아마존 비즈니스의 다양한 부분을 직접 느끼면서 파악할 수 있었다.

아마존에서 전문 판매를 위해 조직을 다양하게 나누고 주요 상품을 중심으로 판매했기 때문에 매일 타깃과 전략을 세우고 계획에 맞춰서 현업을 진행하였다. 미국에 도착한 다음 날부터 우리 팀에 디자이너 한 명이 배정되었고, 우리는 5주 동안 매일 프로젝트를 진행하면서 결과를 주기적으로 분석하였다. 지금 내가 직접 사업을 하는 입장에서 생각해 보면, 그때 그런 역할을 할 수 있는 조직이 지금은 존재하지도 않고 비용 부담 때문에 여러 가지 실험적 프로젝트를 진행할 수 없는 것이 현실이다. 하지만 당시 우리는 이러한 제약이 없는 상태에서 신중하게 업무를 하나하나씩 차근차근 배울 수 있었다.

미국에서 많은 것을 배웠지만, 그중 기억나는 일이 있다. 나와 김영조, 김대원으로 구성된 우리 팀은 아침에 출근하면 하나의 프로젝트를 정하고 업무 시간 중에 콘텐츠와 실제적인 기획을 한 후 직접 실행하였다. 그리고 매일 새벽 1~2시까지 결과를 테스트하고 다음 날에는 대부분의 시간을 프로젝트를 수정하는 데 보냈다. 아마존 플랫폼에서는 고객의 Customer Behavior 중 상당히 많은 부분이 스스로 학습이었는데, 지금 생각해 보면 인생에서 가장 많이 집중한 시간 중 하나였다.

업무 중에는 키워드를 검색했을 때 보이지 않은 제품을 1페이지로 끌어올리는 작업이 있었는데, 이것은 어마어마한 트래픽과 판매량을 뚫고 올라가야 하는 아주 어려운 작업이었다. 당일 타깃 제품을 정하고 예상 트래픽과 고객 그룹을 정한 후 구매를 유도하는 액티비티(activity)를 진행한다. 이후 철저히 가설에 의한 실험을 진행하고 이 상품과 관련된 키워드가 노출되는 추이를 계속 관찰하였다. 정말 매일 새벽 1시 정도에 관련 내용을 간단히 논의하고 특이 사항을 공유한 후 하루 업무를 마감하였다. 참고로 당시 우리가 테스트를 진행했던 시장은 프랑스 amazon.fr이었다. 이 과정에서 비즈니스를 통해 과학적 접근 방법, 즉 '가설' → '실험' → '이론 추론'을 매일 연습할 수 있었다. 물론 과학은 조건이 항상 다르기 때문에 딱 떨어지는 수치값이나 결과는 없었다. 게다가 아마존도 내부 알고리즘을 시시때때로 바꾸었기 때문에 과학적 접근 방법으로 정확히 무엇인가를 파악할 수 없었지만, 이러한 방식으로 테스트했고 관련 결과물을 매일 정의하였다.

나와 같이 동행했던 김영조와 당시 김대원 매니저는 업무적으로 많이 수고하였다. 나 역시 미국에 머무르는 5~6주 기간 동안 반드시 성과를 내야 한다는 태스크를 숙명적으로 받아들였기 때문에 매우 강도 높은 스트레스를 받으면서 지냈다. 미국 출장 기간 중 대부분 새벽부터 일어나서 업무에 매달렸다. 그때는 업무 성과가 얼마나 절실했던지 새벽 5시면 눈이 떠졌다. 지금 생각하면 웃음이 나지만, 정말 너무나 소중하고 간절한 기간이었다. 새벽에 고속도로를 달려 출근할 때 뜨고 있던 태양의 모습은 정말 내 일생에서 영원히 잊지 못할 멋진 일출 광경이었다.

▲ 새벽 5시 얼바인 고속도로로 출근할 때 바라보던 일출 광경

우리 팀이 사생결단하면서 아마존에 매달렸던 이유가 있다. 미국에는 현재 100명이 넘는 직원들이 있는데, 당시에는 아마존 Top Seller의 영향력과 스킬, 그리고 팀의 파워가 막강하였다. 그래서 내가 유럽 아마존 시장을 성공하지 못하면 미국 팀들이 유럽 업무까지 차지할 것 같았고, 사실 그랬을 것이다. 나는 20명 정도 되는 우리 직원들을 지원 업무나 보게 하는 서브 조직으로 만들고 싶지 않았다. 그래서 나는 절대절명의 위기 의식을 가지고 업무를 진행했고 김대원 팀장과 김영조 팀장도 나와 함께 동기가 부여되어 정말 열심히 일하였다. 과연 결과는 어땠을까? 이때 서너 가지 제품을 1페이지나 2페이지로 끌어올렸는데, 첫날 중국 제품과 경쟁해서 이기기로 한 제품이 베스트셀러 순위에서 20위 안으로 들어왔다. 이것은 상당히 좋은 성과여서 우리는 자화자찬했고 상당한 자신감에 차있었다.

▲ 슈피겐 Irvine 지사 앞에서(2016년 1월)

밀어붙이기

2015년 초 미국에서 6주 정도 아마존 집중화 과정을 받고 한국으로 돌아왔다. 미국에서 체류한 기간은 짧았지만, 이때 직접 경험하고 기획했던 부분은 고스란이 우리의 성과로 남았다. 그리고 이런 부분들을 어떻게 25명의 팀원에게 전달 및 교육하고 팀을 구성해야 하는지가 또 하나의 숙제였다. 이때 나의 미련한 기지가 발동하였다. 우선 기존의 400억 원 가량의 비즈니스에 대하여 최소한으로 대응하기로 결정하였다. 당시 내가 유럽 아마존 세팅이 매우 중요하다고 생각해서 단행한 결정이었지만, 지금 생각해 보면 좀 미련하면서도 아주 잘한 선택이었다.

기존에 있는 30여 개국의 파트너는 입사 6개월 정도된 경력직 사원과 신입사원을 한 명씩 붙여서 관리하면서 기존 비즈니스를 운영하도록 세팅하였다. 그리고 내부적으로 아마존에 잘 맞고 가능성이 있다고 판단되는 나머지 15명의 사원들을 불러모은 후 아마존 세팅을 위하여 기존의 팀을 3개 팀으로 구성하였다. 이렇게 해서 아마존 직접 판매는 조직1팀, 조직2팀, 조직3팀이 담당하게 되었다. 그날 이후 3개월 동안은 주말도 없이 밤낮으로 아마존만 고민하고 아마존 업무 세팅에 매진하였다. 당시 아마존 카톡방이 있었고 20명 정도 참여했는데, 일부러 토요일 밤이나 일요일 밤에 업무를 지시하고 상황 보고를 요청하였다. 왜냐하면 그만큼 간절하기도 했지만, 아마존을 하려면 24시간 내내 경쟁사와 시장 상황을 항상 파악해야 하기 때문이었다. 다행히 당시에 이정목 실장님과 영업 분석을 하는 전문팀이 내부에 있어서 아마존에 역량을 집중하는 첫째 달부터 영업 이익과 마케팅 비용을 분석하기 시작하는 등 아주 큰 역할을 해 주었다.

이렇게 노력했지만 첫달에는 적자가 매우 크게 발생했다. 왜냐하면 수많은 사람들이 각 제품의 목표를 정하고 Boosting Activity를 하면서 당연히 비용이 발생했는데, 이렇게 어마어마한 손실이 매출에 그대로 반영되었기 때문이다. 이게 만약 진짜 사업이었다면 마케팅 비용뿐만 아니라 인건비까지 포함되어 매우 크게 마이너스가 발생했을 것이다. 아마존의 모든 영업사원들이 모인 자리에서 이런 적자 내용이 보고되었는데, 솔직히 나는 마음속에 약간의 요동이 쳐졌다.

"혹시 내가 잘못된 선택을 하지는 않았나?"

그래도 몇몇 제품들의 판매 순위가 상위 페이지로 올라오고 있었고, 제대로 시작한 지 이제 겨우 한 달밖에 안 되었는데 포기할 수는 없었다. 이렇게 계속 진행했지만 두 번째 달도 적자! 그러다가 세 번째 달부터 비용이 컨트롤되기 시작하였다. 세 번째 달부터 의미 있는 그래프가 보이면서 나는 어느 정도 희망을 갖게 되었고, 이러한 상황을 모든 팀원들이 볼 수 있도록 매달 정식 영업회의를 진행하였다. 하지만 영업회의는 정말 살벌했다. SKU별 액티비티를 보고하고, 각 제품마다의 순익을 정확하게 논의했으며, 마케팅 실적에 대해서도 아주 신랄하게 발표하면서 결과를 공유했다. 그 결과, 몇 달 후부터는 대부분의 매니저들이 영업회의를 참석하고 싶지 않아 했지만, 나는 이 회의를 멈출 수 없었다.

가장 추억으로 남는 시간을 기억하며

"내 방으로 들어오세요."

미국에서 돌아온 후 나는 본부장인 내 방 회의실에서 각 파트별 담당자들과 모든 업무를 진행하고 커뮤니케이션을 함께 하자고 요청하였다. 내가 무척 친근한 본부장이었지만, 나중에 담당자들의 말을 들어보면 대부분 내 방에서 근무하기가 싫었다고 한다. 회식자리에서 직원들은 짧은 7주일 동안 상당한 압박감을 느꼈다고 농담삼아 말하기도 했다. 나는 그들의 대화뿐만 아니라 업무 진행 및 업무 성과에 대한 모든 커뮤니케이션을 놓치고 싶지 않았다. 하지만 이 기회를 빌어 너무 미안한 일이었다고 사죄하고 싶다. 그래도 나에게는 그들과 함께 아주 가까이서 함께 일을 할 수 있어서 정말 기억에 남는 액티비티의 순간이었고, 나에게 가장 소중한 시간이었다고 생각한다.

모두들 주말 밤낮 없이 정말 열심히 집중해서 일을 하였다. 김대영 대표님께서는 항상 "나는 뒷 페이지로 밀렸던 제품이 다시 올라오는 것을 한 번도 본 적이 없다."고 말씀하셨는데, 그만큼 미국 아마존의 경쟁은 치열하다. 지금 내가 직접 해 보니 미국 아마존의 경쟁은 정말 쉽지 않다. 하지만 유럽도 보수적인 고객들의 구매를 유도하고 판매 트래픽을 올리기가 미국만큼 쉽지는 않았다.

우리 팀은 프랑스와 이탈리아에서 처음 제품을 리스팅한 후 전략을 짜서 실행하고 집념을 가지고 밀어붙여서 1페이지 상단까지 올린 사례가 매우 많다. 이러한 상황을 대표님께 몇 번 보고했지만, 대표님께서는 우리 직원들의 퍼포먼스를 기억을 못하실 것이다. 하지만 나는 그 당시 우리 팀원들의 노력과 희생을 분명히 기억하고 있다. 당시 우리는 작은 변화와 성과에도 함께 웃고 어려워하면서 희노애락을 함께 한 정말 최고의 팀이었다.

이후 2015년 9월에 독일과 영국 아마존에 들어갔고, 2018년 유럽 매출이 660억 원에 달하는 최고 주요 매출처가 되었다. 아마존을 처음 시작했던 시기에 나는 B2B 사업을 거의 축소하고 B2C 매출에 전념하였다. 이것은 당시에 아주 무모한 도전이었지만, 2년 후에는 B2B 비즈니스도 유지 및 확대할 수 있었다. 그리고 경쟁사와 고객을 타깃으로 한 맞춤형 전략과 판매가 가능한 아마존 사업을 할 수 있는 팀으로 성장하였다. 이후 2018년에는 1,000억 원이 넘는 성과를 낼 수 있었고 우수한 분석 능력과 관리 체계를 갖춘 강력한 팀으로 성장해 있었다. 2019년 초 나는 1,300억 원의 매출 계획과 신규 사내 벤처 계획 등 여러 가지 신년 계획을 가지고 조직에 발표했고 조직 계획과 사업 계획을 신중히 진행하였다. 그러나 나는 갑자기 4월 말에 퇴사를 결정하였다.

▲ 만 9년 동안 근무했던 슈피겐코리아를 퇴사하는 날 함께 했던 동료들과 함께

▲ 슈피겐을 퇴사한 후 심적으로 방황할 때 찍은 석양

퇴사한 이유

2013년 슈피겐에서 본부장직을 수행한 이후 보수와 여러 가지 근무 조건이 매우 탁월하였다. 나름 인생에서 고생도 많이 했지만 흙수저 출신으로 성공했다고 생각하였다. 여러 가지 멋진 수식어가 나에게도 붙었고, 수출을 장려해서 산업부장관상도 받았다. 또한 2019년 나와 우리 팀이 이루어낸 아마존 유럽 모델로 슈피겐이 2018년 유통 대상 대통령상도 받는 영광스런 순간도 있었다. 해외 사업 부문 매출은 계속 늘어나서 1,060억 원을 돌파하였고, 20명이었던 팀원도 70명 이상의 거대한 조직이 되어서 어디를 가든지 인사를 받았으며, 회사 안에서도 인정받았다.

무척 어려웠던 청년시절을 지나 나도 40대의 삶에 좋은 수식어가 많이 붙기 시작하였다. 슈피겐 등기 임원, 세 아이의 아버지, 자수성가, 든든한 조직 등등…. 무척 말랐던 나에게 이런저런 이유로 몸에 점점 살과 지방이 붙어서 보수적이고 잘 움직이지 못하는 몸이 되었고 목도 뻣뻣한 상태가 되었다.

수많은 사람들이 나에게 왜 회사를 그만두었는지 물어보았다. 굳이 말하자면 여러 가지 답변이 있었지만, 지금 생각하면 회사를 나올 때가 되어서 그만두었던 것이다. 슈피겐 등기 임원으로서 대표님의 최측근에서의 역할 등을 더 이상 담당할 수 없다고 판단했기 때문이었다. 이러한 시기는 나뿐만 아니라 우리 모두에게 온다. 즉 이러한 시기가 오는 것이 나쁘다, 좋다가 아니라 언젠가는 온다는 것이다. 나는 이러한 갑작스러운 변화를 잘 받아드릴 수 없었고, 2018년에 태어난 막내 아이를 보면서 괴롭고, 서툴며, 무엇 하나 제대로 할 수 없는 하루하루를 집에서 버티고 있었다.

퇴사 후 변화된 나의 생활

임원 이상의 퇴사는 하루 만에 결정되어 당일 결과가 나오기 때문에 퇴사를 결정한 그날 이후 나는 내가 일하던 회사에 다시 돌아가지 못하였다. 퇴사 후 수많은 고민과 오랜 시름의 시간을 겪었다. 내가 사회적 연결성을 잃었다고 생각하는 순간, 집의 대문을 나가기가 너무 비참했고, 집에 있기도 매우 힘들었다. 어디 훌쩍 해외 여행이나 평생 꿈꾸던 미국 횡단 자동차 여행을 다녀오고 싶었지만, 이제 겨우 8개월이 막 지난 막내 아이와 학교를 다니는 딸들을 데리고 여행을 가는 것이 불가능했다. 지금 생각하니 나는 성장과 성취해야 하는 것과 따라갈 무언가가 없으면 매우 절망스러워하는 사람이어서 절망의 심연(abyss)에 빠지는 느낌이었다.

한 달 정도 친한 지인들과 만나면서 현실을 하나씩 제대로 인식하게 되었다. 험한 인생을 살아왔기 때문에 하루하루 쉬는 게 너무 고통스러웠다. 직장을 구하기 위해 폼을 다운로드해서 이력서도 써보았다. 한글 이력서를 다 썼지만, 또 다시 새로운 직장에 가더라도 슈피겐의 성과를 낼 수 없겠다는 생각이 들었다. '무엇 하러 높은 성과를 내서 남에게 좋은 일을 할까?' 하는 생각이 들자, 늦더라도 내 벽돌과 내 성을 쌓아보자고 결심하게 되었다. 매일 고쳐야 하고 문제가 발생하겠지만, 그래도 나의 집을 지어보자! 그리고 다음 세대를 돕는 회사를 만들어 보자! 나는 내가 사랑하는 직원들에게 좋은 영감을 줄 수 있겠다는 생각이 들었다.

퇴사 후 아마존

"그렇다면 무슨 일을 시작할까?"

나는 인생에서 경제적 부분이 가장 어려웠다. 40대 전에는 단 한 번도 넉넉하게 살아본 적이 없다. 왜냐하면 내가 4~5학년 때 아버지가 운영하셨던 회사가 망했고, 아버지는 그 후로도 계속 사업을 한다고 일을 만드셨기 때문에 예민했던 사춘기 때부터 정상적인 가정에서 살아본 적이 없다. 그래서 나는 사춘기와 청년기 때 사업을 하겠다는 생각을 단 한 번도 하지 않았다. 성인이 되었어도 '사업은 결국 망하고 위험하다!'라는 생각이 강력하게 자리잡고 있었다. 그런데 어느 날, 유튜브에서 어느 교수님의 강의를 듣고 이러한 나의 이분법적인 생각을 고치게 되었다. 강의에서는 사업이 위험하고 망할 수 있다고 생각하지만, 결국 모두 올바르게 판단하게 된다고 했다. 이날 이후 나는 내가 경험한 아마존 사업으로 큰 리스크 없이 사업을 운영할 수 있다는 자신감을 가지게 되었다.

그러면 무엇이 리스크인지 생각해 보자. 가장 큰 리스크는 내가 월급을 받지 못하는 것이다. 그리고 물건을 매입하고 판매하지 못했을 때 발생하는 재고가 가장 큰 리스크일 것이라는 판단이 머릿속에 빠르게 스쳐갔다. 슈퍼겐코리아를 다니면서 사업 기획을 워낙 많이 했기 때문에 이러한 생각이 본능적으로 들었다.

한편으로 내가 그동안 익숙하게 했던 일이 무엇인지에 대해서도 생각해 보았는데, 바로 영업과 유통이었다. 회사에서 일하는 내내 전략적 사고를 요청받았고, 아마존 판매와 마케팅 전략에 대해 팀원들과 수없이 많이 컨설팅했으며, 거의 모든 결과를 몸으로 기억하고 있었기 때문에 이 모든 것에 대해서는 어느 정도 자신감이 있었다. 이러한 과정을 통해 수많은 문제를 해결했고, 수많은 새로운 과정에 도전했으며, 문제를 계속 해결하면서 모니터링하였다. 그 결과, 나는 다음과 같은 결론을 내릴 수 있었다.

"그래! 난 아마존 유통을 할 거야. 난 슈퍼겐코리아를 브랜드 회사나 디자인 회사가 아니라 항상 강력한 유통회사라고 소개해 왔다. 난 이렇게 잘할 수 있다!"

아마존 사업을 고려하면 유통의 특성상 Risk Management가 크다는 장점이 있다. 이것은 아마존에서 판매했을 때 큰 재고 리스크 없이 내가 원하는 전략을 구상하면서 이러한 리스크에 대한 대안을 마련할 수 있다는 생각이 들었다. 내가 제일 많은 시간을 들이고 경험했던 영역이 가장 소중하게 나의 역할을 제대로 할 수 있는 곳이 아니겠는가? 그러면서 내가 직접 사업체를 운영할 수 있을 것이라는 생각이 강력하게 들었다. 이제 나는 아버지가 나에게 주었던 사업 트라우마에서 벗어나고 있었다.

amazon.com

나의 아마존 사업 도전기

왜 아마존을 해야 하는가?

아마존을 하면 모두 성공할 수 있다고 아마존을 오해하는 사람들이 많다. 한국에서 사업을 하는 사람들에게 아마존이 하나의 신기루로 정착된 것 같아서 매우 안타깝다. 어떤 아마존셀러 겸 유튜버의 말대로 아마존에서의 성공률이 5%도 안 될 수 있다. 그러나 아마존에서 판매를 한다면 여러 가지 장점이 있다. 이와 함께 아마존에서 판매하려면 여러 가지 전략과 아이템 선정, 그리고 장기적 투자와 프로모션 전략이 필요하다. 이러한 부분을 슈피겐에서 이야기한 것처럼 모든 전략을 세우고 구체적인 계획을 짜서 내가 직접 진행할 수 있었다.

내가 아마존을 했던 아주 중요한 이유는 절대 망하지 말아야 했기 때문이다. 아마존에서는 예상할 수 있는 수익을 낼 수 있고, 큰 투자금이 들어가지 않는다. 요즘에는 모두들 '해외시장~ 해외시장'이라고 강조하는데, 해외시장을 자신의 전략과 능력으로 일구어갈 수 있는 가장 좋은 플랫폼 중 하나가 바로 아마존이다.

아마존은 나에게 어떤 시장인가?

아마존에 대해 나는 글로벌 시장에서 한국인이 할 수 있는 수많은 장점을 가진 유통 플랫폼이라고 생각한다. 물론 제품의 카테고리마다 다르겠지만, 내가 경험한 카테고리에서 해외영업을 직접 체험하면서 느낀 결론이다.

30대 초반부터 해외사업과 영업을 해 보면서 제품이 독점적 위치에 있거나 특별한 관계우위가 없다면 우리는 미국이나 유럽 같은 서양사회에 유통 접근이 사실상 어렵다는 것을 느꼈다. 아시안이나 한국인이라는 물리적, 한계적 상황을 가지고 그 나라의 언어와 문화뿐만 아니라 제품과 업계가 아니면 대화를 이끌어내기가 매우 어렵다. 만약 미국에서 태어나더라도 실질적으로 문화와 인종, 그리고 인맥에서의 한계가 있을 때 흔히 '유리벽'이라고 표현하는 경우가 많다. 이것이 바로 내가 생각하는 글로벌 시장에서의 한국인의, 또는 한국 회사의 한계적 요소이다.

이러한 상황에서 전략과 제품 등 몇 가지 요소만으로 승부를 볼 수 있는 플랫폼이 바로 E-commerce이다. 그중에서 아마존은 미국과 유럽 시장에서 거의 독보적인 플랫폼이다. 사는 자와 파는 자 사이의 관계나 서비스의 상하관계보다 내가 제공하는 제품에 대해 다른 경쟁자들과의 헤게모니(hegemony)만 있다면 바로 그 나라 소비자들에게 제품과 서비스를 제공할 수 있다. 즉 로컬 유통의 여러 가지 제약과 조건에 구애받지 않고 바로 고객을 만날 수 있고, 유통의 갑질을 당하지 않으면서 고객에게 내 서비스와 가치(value)를 충분히 전달할 수 있다. 다음은 아마존 플랫폼의 장점을 정리한 것이다.

고객에게 직접 판매가 가능하다

슈피겐코리아의 가장 큰 장점은 직접 판매 B2C를 전문적으로 하는 기업이라는 것으로, 매출 3,000억 원 중 80% 이상이 온라인 사업의 성과이다. 슈피겐이 600억 원의 매출을 넘어서 1,000억 원대로 아주 빠르게 성장한 것도 직접 판매 방식을 선택하고 집중했기 때문이다. 아마존에는 몇 가지 판매 방식이 있는데, 그중 VC 납품 방식과 FBA, FBM은 셀러가 직접적으로 리스팅하고 판매하는 방식이고, 직접 판매는 이 두 가지 판매 방식을 의미한다. 슈피겐은 아마존에서의 직접적인 전략 및 프로모션을 통해 기존에 해외 판매했던 방식에서 완전히 탈피할 수 있다.

나도 해외영업을 오래 했지만, 일반적으로 각국의 중간 에이전트나 바이어를 얼마나 잘 만나느냐, 또는 얼마나 영향력 있는 바이어와 거래를 하느냐가 수출 성공의 매우 중요한 열쇠이고, 바로 이것이 사업의 성공 솔루션이라고 할 수 있다. 하지만 아마존 플랫폼에서 직접 판매한다면 내가 직접적으로 고객을 상대하고 판매를 해야 하기 때문에 시장 특성과 판매에 대해 자세히 데이터베이스화할 수 있다. 가격, 이미지, 프로모션, 심지어 내 제품에 대한 타이틀의 글자 수(word count)까지 모든 사항과 디테일에 신경 써야 하므로 판매 국가의 트렌드와 경쟁사를 확실하고 디테일하게 파악할 수 있다.

판매 수량과 재고를 예상할 수 있다

슈피겐에서 근무할 때 아마존에서 글로벌 판매하고 항상 상황을 지켜보면서 업무를 지시하곤 했다. 아마존에서 판매하면서 가장 인상적이었던 것은 매일 판매 수치가 비슷하게 변동된다는 것이었다. 유럽의 경우에는 월요일이, 일본은 일요일이 가장 많이 판매되었는데, 대부분의 국가들은 월요일 매출이 가장 높았고, 토요일이 가장 낮은 판매를 기록하였다. 이것은 어쩌면 당연한 결과이다. 유럽의 대부분의 고객들은 금요일 오후부터 주말 동안 여행이나 가족끼리 시간을 보내다가 월요일에 필요한 제품을 온라인으로 구매하는 패턴을 보였다.

나의 제품을 키워드로 검색했을 때 두 번째 페이지에 있다가 갑자기 첫 페이지로 올라온다면 판매량이 갑자기 늘어날 것이기 때문에 데일리 판매 수량을 통해 판매에 대한 재고를 바로바로 대비할 수 있다. 이러한 수치를 바탕으로 매출과 판매 수량을 예측할 수 있고, 데이터를 장기적으로 축적하면서 재고와 출고량을 조절하여 운송비까지 절감할 수 있었다. 보통 해외로 수출할 때 다음 오더를 한없이 기다리는 경우가 많다. 이때 상사들이 담당자에게 "다음 오더는 언제 오나?"라는 말을 가장 많이 한다. 하지만 아마존은 판매율을 집계하기 때문에 주문을 예상할 수 있어서 질문이 이렇게 바뀐다.

"어떻게 하면 더 많이 노출할 수 있을까?"

이와 같이 상황을 보는 눈이 열리고 질문이 달라져서 훨씬 효과적으로 팀과 회사가 움직일 수 있다. 즉 아마존은 누군가의 압력에 의한 행동이 아니라 자율적으로 판단하고 예상하면서 대처할 수 있는 장점을 가진 시장이다.

주식처럼 계속 모니터링할 수 있다

아마존은 온라인으로 실시간 피드백과 판매량을 집계 및 모니터링할 수 있다. 판매하는 제품과 카테고리마다 다르겠지만, 내가 종사했던 업계는 아이폰과 삼성 갤럭시, 화웨이가 매년 매분기마다 제품을 출시하기 때문에 초반 러싱이 아마존에서 가장 핫한 키워드였다. 출시 전부터 긴장감이 고조되다가 출시되면 거의 2~3분마다 실시간 판매와 노출이 뜨거워지는데, 경쟁사들을 보고 재빨리 대응해야 해서 초반에는 일요일도 없이 일했던 기억이 생생하다. 지금은 5년 동안 이렇게 치열했던 경험 때문인지 지난 회사의 판매 순위를 정기적으로 보았던 습관이 나의 뼛속 깊이 박혀 있다.

아마존은 실시간으로 변하는 플랫폼이기 때문에 실시간으로 전략을 세우고 대응해야 한다. 해당 담당자와 담당 리더는 활발한 액티비티와 그에 대한 결과를 가지고 순간순간, 그리고 결과에 대해 항상 고민해야 시장에서 뛰어난 성과를 낼 수 있다. 현재 나는 'Steinder'라는 생활용품 제품으로 아마존에서 사업을 시작했는데, 새벽 3시에 한 번 일어나서 상황을 체크하고, 광고 버짓과 랭킹을 다시 한번 확인하며, 새벽 6시에 또 일어나서 한 번 더 확인한다. 이와 같이 아마존은 24시간 동안 계속 집중해야 하는 시장이고 경쟁사를 모니터링해야 하는 플랫폼이다. 아마존을 하면 정신이 피폐해지는 것을 각오해야 한다는 농담도 있다. 지속적인 변화와 지표에 대해 판단해야 하고, 여기에 맞게 빠르게 대응해야 하는 만큼 수많은 디테일이 필요하다. 다행히 이런 부분은 우리나라 사람들이 잘하므로 이것도 우리의 뛰어난 경쟁력 중 하나라고 본다.

빠른 시간 안에 국가별 소비자들의 전문가가 될 수 있다

아마존 미국뿐만 아니라 유럽 5개국은 같은 유럽이라는 공동체로 묶여 있지만, 사실 국가마다 언어, 특성, 소비 패턴, 그리고 인기 있는 제품이 완전히 다르다. 그중 한국에서 직접 판매할 때 어려웠던 부분은 언어이다. 그래서 아마존 독일에서 판매할 때는 모국어가 독일어인 담당자를 채용하였고, 프랑스 사업을 할 때는 프랑스인을 채용해서 업무를 진행하였다. 이렇게 국가별 담당자가 해당 국가의 패턴과 행사, 그리고 고객들과 소통하면서 아마존 판매 요소들(factors)을 재정비하고 키워드와 타이틀까지 모두 수정했기 때문에 결과는 아주 성공적이었다. 이후 유럽 5개국을 전문적으로 담당하기 위해 직원을 더 많이 채용했고, 유럽 5개국에 브랜드 가치와 판매량이 4년 연속 늘어나는 성과도 달성했다. 또한 경쟁사를 아주 디테일하게 파악하고 벤치

마킹도 했다. 이 과정에서 모든 정보가 공개되기 때문에 미국이나 유럽에 파는 카테고리 안의 경쟁 제품에 대해 쉽게 파악할 수 있어서 매우 빠른 시간 안에 해당 국가 소비자들의 전문가가 될 수 있다. 내가 경쟁 업체를 제외하고 B2B 해외영업을 하는 분들에게 소비자의 패턴과 유통에 대해 물어본다면 자세히 알고 있는 영업자들이 많지 않을 것이라고 확신한다. 하지만 아마존에서는 고객의 리뷰와 구매 패턴을 통해 비밀무기를 가질 수 있다.

마케팅 비용과 재고 관리에 주의해야 한다

아마존에서 판매를 시작했거나 판매하려고 계획을 가지고 있는 판매자들은 영업 이익 측면에서 대체적으로 긍정적으로 생각하는 경향이 있다. 왜냐하면 수출가로 판매하는 것보다 직접 고객에게 판매하다 보니 Retail Price로 판매하기 때문이다. 그러나 바로 판매를 하기 위한 마케팅 비용과 재고 관리에 주의해야 한다. 직접 판매하기 때문에 운송비와 마케팅비를 부담해야 하는데, 제품에 따라 다르겠지만 때로는 이 비용이 판매가의 50% 이상을 차지할 수 있다. 현재 내가 판매하는 브랜드의 경우에는 이미 경쟁사들이 수천 개의 리뷰를 쌓고 훨씬 더 싼 가격으로 판매하고 있기 때문에 여기에 관련된 비용 관리는 꼭 필요하다. 그리고 내가 얼마를 쓰는지, 그 비용이 효용성이 있는지 반드시 확인해야 한다.

아마존은 휴일이 없다

일반적으로 해외 수출은 국내 영향을 많이 받지만, 아마존은 24시간 판매가 이루어진다. 뉴욕의 경우 동부와 서부가 3시간의 시차가 발생하기 때문에 실제적으로 24시간 판매된다고 해도 과언이 아니다. 재미있는 것은 우리가 명절 휴일에 쉬어도 세일즈는 지속적으로 발생한다. 회사 입장에서는 아주 유리한 입장에서 판매할 수 있지만, 직원 입장에서는 연휴나 주말에 사고가 나면 언제든지 대처해야 한다는 어려움이 있다.

실제 사업 & 브랜드 사업

수많은 유통 사업 속 나의 브랜드 사업

유튜브에 나오는 수많은 아마존 유튜버들은 제품 소싱과 판매에 대한 유통 사업을 언급하지만, 나는 경력상 브랜드 사업을 해 왔고 앞으로도 이러한 방식을 추구하고 싶다. 즉 잘 팔리는 제품에 리스팅을 추가하는 방식이 아니라 리스크를 안고 가면서 나만의 브랜드를 런칭하는 방식이어서 다양하게 고민하면서 접근하였다. 다시 말해서 내가 직접 카테고리를 정하고 원하는 브랜드를 만든 후 콘셉트와 디자인을 정해서 홍보와 브랜딩을 해 나가는 고도의 전략적 사업 과정이다.

아마존은 기본적으로 EAN이나 UPC 코드로 정보를 등록하고 판매를 시작하는데, 이 과정에서 아주 중요한 결정을 해야 한다. 즉 잘 팔리는 브랜드 제품의 리셀러가 될 것인가, 아니면 내가 새로운 브랜드 제품으로 시장에서 승부를 봐야 하는가? 이것은 어떤 것이 좋다, 나쁘다가 아니라 본인의 백그라운드나 자금 상황에 따라, 또는 본인이 잘할 수 있는 것을 따라하면 되는데, 나는 당연히 후자를 선택하였다. 왜냐하면 전자를 선택할 경우에는 잘 안 팔리는 제품을 올려놓고 잘 팔리게 만들어도 제조사와 문제가 생기기 때문이다. 이것은 제조사와 유통자의 경계선이 아주 모호하기 때문에 생기는 문제이다.

내가 가장 이상적으로 생각하는 밸런스는 제조 역량을 가진 회사가 개발 및 연구, 제조 등의 역할을 하고, 유통사는 마케팅과 브랜딩, 그리고 사업에 관련된 해당 액티비티를 하는 것이다. 만약 자사 브랜드를 가진다면 리스크를 감수하고 성공을 위한 전략을 세우는 과정에서 여러 가지 난이도가 있는 문제를 겪게 된다. 하지만 지금 생각해 보면 그래도 나의 브랜드를 가지고 아마존을 접근한 방식은 잘한 판단이었다. 다만 이런 브랜드 유통을 할 때는 자본이나 재고, 또는 계획 등에 여러 가지 리스크가 따르기 때문에 다양한 상황에 따라 잘 고민하고 결정해야 한다.

사업 전에 비전과 미션 정하기

사업을 하려면 나는 비전과 미션을 정해야 한다고 생각한다. ㈜페이보넥스(Favonex)는 '매우 좋아하는'의 영어 단어 favor와 '다음 세대'라는 의미의 'next generation'을 합성한 것이다. Favonex의 비전과 미션은 나와 같은 아마존 전문가를 다음 세대에 계속해서 교육 및 훈련시키는 사명을 가진 회사이다. 나는 슈피겐코리아의 해외사업 본부장으로, 사업을 확장하려고 직원을 채용하지 않았고, 채용한 후에는 그 인원으로 사업을 확장하는 전략을 선택하였다. 왜냐하면 당시 우리 본부의 매출 성장세가 매년 20~30% 정도 되었기 때문이다. 이러한 성장 동력은 인재풀(pool)이 얼마나 있는지가 가장 중요하다고 판단하였는데, 이것은 사실 옳은 판단이었다. 그래서 모든 면접 때 나는 항상 창의적 도전을 하는 도전자를 받아들였고, 그들과 함께 신규 사업 진출과 신규 사업 전략을 성취해 가고 있었다. 나는 나처럼 기본적으로 기댈 수 없는 사람들에게 기회를 주고 싶었다. 나는 슈피겐코리아에서 근무할 수 있었던 좋은 기회 덕분에 수많은 경험과 든든한 영업 조직의 힘을 누릴 수 있었다. 그래서 내가 좋은 사업장을 만든다면 내가 누렸던 많은 경험을 간접적으로 배울 수 있는 Favonex Korea를 꿈꾸었다.

사업자 등록하기

직장 생활을 마치고 사업을 시작하려고 할 때 고민이 매우 많았다. 사업자는 무엇을 해야 하나? 어떤 업종을 메인으로 등록해야 할까? 나는 처음에 도소매, 수출로 시작했지만, 법인 등록을 하기 위해서 사업장이 필요하였다. 그래서 삼성동 르호봇 창업 공간에서 시작을 하였는데, 법인 등록을 하려면 창업 공간이 필요하였다. 법인 등록은 사업을 시작할 때 가장 먼저 해야 하는 과정인데, 법인 등록을 할 때는 만 18세가 되어 주민등록증을 받은 기분이었다.

사업자 등록은 사업을 시작하는 가장 기본적인 절차이다. 우선 본인의 상황에 맞추어 개인 사업자로 시작하는 것도 바람직하고, 나처럼 처음부터 경력과 경험을 바탕으로 법인 사업자를 낼 수도 있다. 다만 법인 사업자는 처음에 비용이 많이 든다. 사업자 등록을 위한 법무사 비용부터 시작해서 조금 지나면 회계 처리 비용 등 여러 가지 비용이 많이 들어간다. 나는 100% 주식을 소유한 법인으로 등록하고 사업을 진행했는데, 이 부분은 크게 중요하지 않으니 사업을 진행하는 사람의 상황에 따라 진행하면 된다.

지금 생각하면 처음부터 법인을 낼 수도 있지만, 개인 사업자를 내서 집에서 사업을 해도 좋았겠다는 생각을 한다. 왜냐하면 고정비를 최대한 줄이는 것이 사업 초반에 큰 도움이 되기 때문이다. 초반에는 비용이라는 부분보다 기회에 더 큰 비중을 더 두었다. 나는 사업 초반에 이러한 비용에 대한 관념이 없었는데, 지금은 한 푼도 필요 없는 곳에 쓰지 않는 습관이 생겼다. 이것은 1년 동안 비용에 대한 철저한 훈련을 받은 결과인데, 이 책을 읽는 여러분은 처음부터 이런 비용과 고정비를 항상 고려해서 시작했으면 한다.

아마존 계정 등록하기

아마존에 계정을 등록하면 아마존 사업을 바로 할 수 있는 것은 절대 아니다. 계정 등록에 대해서 관련 서적과 가이드북이 많기 때문에 이 부분은 넘어가겠다. 하지만 아마존 계정을 등록한 후 판매를 개시하려면 여러 가지 장애를 넘어야 한다. 내가 만난 회사들 중 이 과정에서 몇 개월을 소비하고도 아직 계정 정지를 풀지 못하거나 아마존 사업을 포기한 기업을 많이 보았다. 나도 'Favonex'라는 계정을 만들고 아주 큰 두세 가지의 장애를 넘었는데, 아직도 그때의 어려움을 생생히 기억하고 있다.

나는 사업자로 등록한 8월에 곧바로 계정을 열고 이후 제품과 브랜드 등을 구상하였는데, 그것은 바로 시행착오였다. 제품을 기획하고 제조사를 찾아 계약한 후 실제 제품으로 들어오는 기간이 3개월 정도 걸렸다. 이 과정에서 중간중간에 계정을 들어가 보니 어느새 계정 정지, 즉 Account Suspend가 된지 2주가 지나 있었다. 이것은 계정을 열어놓고 사용하지 않으니 실제 사용하는 계정인지 아마존에서 점검하는 것이었다.

Seller Account Information			
Welcome Favonex (Edit)	Your Seller Profile	**Payment Information**	
		Deposit Methods	Charge Methods
Listings Status	Going on a vacation?	Invoiced order payment settings	
Amazon.ca Current Status of Listings:	Active (Listings available for sale on Amazon)	**Business Information**	
Amazon.com Current Status of Listings:	Inactive (Listings **not** available for sale on Amazon)	Business Address	Legal Entity
		Official Registered Address	Merchant Token
Amazon.com.mx Current Status of Listings:	Active (Listings available for sale on Amazon)	Language for feed processing report	Display Name
Your Services	Manage	**Shipping and Returns Information**	

▲ 초기 미국 아마존 계정 정지 화면

계정 정지 주의하기

아마존 사업을 진행하면서 가장 어려운 부분이 바로 계정 정지(account suspension)이다. 아마존은 어떠한 이슈가 생기면 계정을 닫아놓고 문제 해결을 하는데, 계정이 정지되었을 때는 계정 운영을 전혀 할 수 없다. 이때 판매자는 두 가지를 크게 손해 본다. 즉 하나는 매출이고, 다른 하나는 그동안 노력해서 올려놓은 페이지의 순위이다. 따라서 계정이 정지되면 셀러나 사업자 입장에서는 가장 어려운 시간이기 때문에 어떻게 해서든지 이 문제를 해결해야 한다.

슈퍼겐코리아에서 근무할 때 경쟁사 신고(policy violation)나 소비자 신고(abuse report) 등의 이유 때문에 연간 두세 차례 계정을 정지당했다. 이때는 모든 팀이 비상 사태가 된다. 내가 듣기로 아마존에서 계정이 정지된 후 다시 열지 못한 사례도 종종 있다고 한다. 이 경우에는 아마존 창고에 있는 재고도 고려해야 해서 계정이 열리지 않을 경우 소규업 업체에게는 거의 사망신고나 다름이 없다.

최근에는 중국 셀러들 때문인지 한국에서 계정을 만들면 사업 초반에 아마존에서 계정을 한 번씩 정지하는 것으로 보인다. 이것은 유효한 계정인지와 다른 목적으로 만든 계정인지를 확인하는 일련의 시스템 같다. 이때는 아마존코리아에서 지원하거나 Amzon Policy 팀에서 요청하는 자료를 제출하면서 차분히 대처하면 계정이 정상화된다. 아마존에서는 일반적으로 번역된 유틸리티 Bill과 같은 증빙 자료를 원하는데, 이것은 바로 이 사업자가 실질적으로 사무실과 사업체를 가지고 있는지 확인하는 과정이라고 보면 된다. 그러므로 계정을 열었다면 매일 들어가서 계정이 살아있는지 확인해야 하고, 사업 준비 전까지는 최대한 천천히 아마존 계정을 열도록 권유한다. 그리고 이러한 문제가 발생했을 경우에는 Amazon Korea 매니저들이 아주 친절하게 잘 도와주니 즉시 연락하고 적극적으로 해결해달라고 요청하기를 바란다. 나의 경우에는 이메일에도 나와 있듯이 격식 없이 내 사업의 기회 비용이 사라진다고 Amazon Korea 매니저에게 강력히 푸시하는 등 아주 적극적으로 어필해서 결국 이 문제를 해결하였다.

5665 리스팅 오류

일반적으로 아마존 사업 초반에 겪는 이슈는 5665 리스팅 오류(5665 listing error) 이다. 필자의 회사인 Favonex Korea에서 처음 만든 제품의 브랜드는 'Steinder' 였다. 이 제품을 초반에 등록할 때 내가 브랜드 오너라는 것을 확인하는데, 일단 브랜드가 미국 현지에 등록되지 않을 경우에는 5665 리스팅 오류가 뜬다. 일반적으로 제품을 사다가 파는 리셀러는 해당되지 않지만, 내가 처음 브랜드를 만들어 리스팅할 때는 대부분 리스팅이 되지 않으므로 자신이 이 브랜드의 오너임을 증명해야 한다. 이때도 아마존의 가이드에 따라서 천천히 풀어나가면 된다. 이때 real world picture를 찍어서 해당 케이스(case)에 첨부하면 가장 빨리, 가장 확실하게 5665 리스팅 오류를 풀 수 있다.

▲ 실제 5665 오류를 해결하기 위한 케이스 어필 사례

실제 5665 리스팅 오류를 해결하기 위한 리스팅

내가 위의 사항을 언급하는 이유는 이 문제를 해결하는 데 최소 3주 정도의 시간이 걸리기 때문이다. 경험이 있는 나에게도 이 문제를 해결하는 데 3주 정도를 기다리는 시간이 아주 힘들었다. 계정이 정지당한 후 이 문제를 해결하기 위해 몇 개월씩 걸리는 셀러들도 많이 보았는데, 이러한 사항을 미리 예상하고 대처하면 그래도 덜 초조하고 덜 스트레스를 받았으면 하는 마음에서 공유하는 것이다. 이러한 오류는 해결한 후에 소중한 경험이 되기 때문에 지나가는 길에서 만나는 장애물 정도로 보는 것이 편하다.

일단 아마존 C/S에서 케이스를 받기 때문에 상황을 너무 자세히 쓰지 않아도 된다. 나도 빨리 5665 리스팅 오류를 풀어달라고 여러 가지 상황을 어필하였다. 참고로 사업 초기에 브랜드를 등록했는데, 우리나라와 유럽 5개국(영국, 독일, 프랑스, 이탈리아, 스페인), 미국, 일본까지 상표 등록이 되는 데 거의 1년이 걸렸다. 특히 미국 아마존에 브랜드가 등록되기까지는 더 많은 시간이 걸렸다. 따라서 브랜드 유통을 하려면 신속히 상표 등록을 하고 상표를 보호받는 방식으로 몇 가지 방법을 찾아보는 것이 유용할 것 같다.

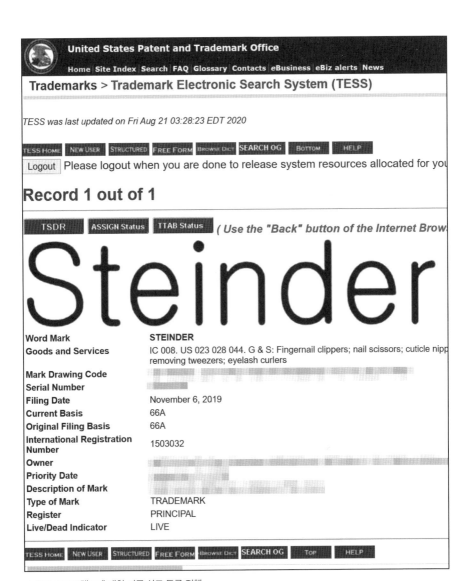

Trademarks > Trademark Electronic Search System (TESS)

TESS was last updated on Fri Aug 21 03:28:23 EDT 2020

TESS HOME | NEW USER | STRUCTURED | FREE FORM | BROWSE DICT | SEARCH OG | BOTTOM | HELP

Logout | Please logout when you are done to release system resources allocated for you

Record 1 out of 1

TSDR | ASSIGN Status | TTAB Status | (Use the "Back" button of the Internet Brow

Steinder

Word Mark	**STEINDER**
Goods and Services	IC 008. US 023 028 044. G & S: Fingernail clippers; nail scissors; cuticle nipp removing tweezers; eyelash curlers
Mark Drawing Code	
Serial Number	
Filing Date	November 6, 2019
Current Basis	66A
Original Filing Basis	66A
International Registration Number	1503032
Owner	
Priority Date	
Description of Mark	
Type of Mark	TRADEMARK
Register	PRINCIPAL
Live/Dead Indicator	LIVE

TESS HOME | NEW USER | STRUCTURED | FREE FORM | BROWSE DICT | SEARCH OG | TOP | HELP

▲ Steinder 브랜드에 대한 미국 상표 등록 진행

자본

자본금은 얼마로 해야 할까?

사업의 특성마다 다르지만 나처럼 처음부터 브랜드 유통 사업을 하려면 자본이 필요하다. 슈퍼겐코리아에서 일하면서 모은 자금으로 시작은 할 수 있었지만, 사업하면서 가장 어려운 일이 무엇이냐고 묻는다면 나는 자금이 가장 어렵다고 이야기할 것이다.

사업을 시작할때 유통 사업이기 때문에 어느 정도 자본이 필요하다. 사업을 해 본 사람들은 대부분 공감하겠지만, 나는 아주 쉽게 첫 오더를 할 수 있는 금액인 약 2,000만 원에서 3,000만 원 정도의 자금을 가지고 시작했고, 모두 판매가 될 즈음에 또 발주를 하면 된다고 단순하게 생각하였다. 그러나 내가 판매하는 Steinder 제품들이 30~40개부터 점점 판매가 늘어서 하루에 100개를 판매하고 나니 제품별로 두 달 정도의 재고를 계속 부담하게 되었다. 그리고 해외 B2B 거래처에서도 계속 발주를 하니 재고를 발주하는 횟수와 오더당 수량이 1,000~2,000개에서 3,000~5,000개로 증가하였다. 더 큰 문제는 제조사가 발주분을 가지고 있지 않기 때문에 보통 4~6주 정도의 조달 시간(lead time)이 발생한다. 따라서 아마존 사업에서 원활하게 판매되고 나면 10주 정도의 재고는 묶여있다고 해도 과언이 아니다. 따라서 내가 판매하는 아이템을 10주 정도의 재고를 발주하고 선금 지급을 하니 당연히 현금 흐름이 좋지 않았다.

아마존 비즈니스의 생리를 알고 있어서 자금 문제는 어느 정도 예상하고 있었지만, 혼자 사업을 하니 어려웠던 부분이 많았다. 나는 Private Label, 즉 내 브랜드를 가지고 시작했기 때문에 상표 등록 비용부터 홍보자료, 마케팅과 관련된 사소한 것까지 자금이 계속 들어갔다. 이 과정에서 우리나라를 포함해서 미국, 유럽, 일본 등 정부 지원을 받지 않고 진행했는데, 첫 발주를 2,500만 원 정도 하니 자본금이 거의 바닥나 버렸다. 그 후부터 지속적으로 치열하게 판매를 진행한 결과, 바닥을 치고 겨우 어려운 상황은 피할 수 있었다.

일반적으로 초반에 아마존에서 제품을 판매하기 위해 스폰서(sponsored) 광고비를 투자하는데, 이 비용 관리가 가장 큰 관건이다. 나도 이러한 비용을 지불하기 위해서 개인 신용카드도 사용해 보았는데, 정말 피 말리는 전략과 비용 지불을 통해 시작한 지 2달 만에 겨우 흑자로 전환시킬 수 있었다. 일반적으로는 이러한 ACoS 50% 이상 나올 경우에는 판매할수록 적자(마이너스)가 발생하는 상황이니 Orgainic Sales를 한 달 안에는 올려야 3개월 정도에는 아마존에서 수금할 수 있는 것이다. 즉 아마존에서 사업을 시작한 후 4개월 정도는 계속 투자해야 한다는 이야기이고, 자본금이 없으면 사업을 지속할 수 없다고 생각한다.

스폰서 광고는 너무 중요한 부분이기 때문에 좀 더 자세히 언급하겠다. 아마존에서 제품을 판매할 때 가장 중요한 비중을 차지하는 광고 비용은 아마존 스폰서 광고이다. 아마존 비용 중 'ACoS'라는 항목이 있는데, 'Average Cost of Sales'의 약자이다. 나는 아마존 광고 비용 지출 기준이 광고 비용 자체에서 50% 이상이 되지 않도록 상당히 많이 노력해야 했다. 즉 MSRP 10달러인 경우 스폰서 광고비를 10달러 쓴다면 100%로 환산되는 것이다. 이 광고 비용은 제품별, 카테고리별로 패턴이 모두 다른데, 여기서 내가 ACoS를 낮추기 위해 경험했던 한 가지 팁을 알려주겠다.

ACoS를 낮추기 위한 팁!

여기서 소개하는 팁은 제품과 카테고리뿐만 아니라 상황에 따라 다르지만, 나의 상황과 개인적 의견임을 고려해서 이해하기를 바란다. 내가 생각하기에는 입찰가격인

Bidding Price를 너무 높이면 당연히 1페이지 상단에 노출될 가능성이 많지만, 초반에는 구매로 전환되기 힘들다. 따라서 경쟁사들의 리뷰 수를 조사한 후 두 자릿수 리뷰까지 Vine Program 등과 같은 여러 가지 작업을 하는 것을 추천한다. 또한 내 제품의 광고 리스트가 첫 페이지 상단에 있다면 많은 클릭을 유도할 수 있지만, 이것은 바로 비용과 집결된다. 예를 들어, 10달러를 걸면 2~3분 만에 끝나는 경우도 있는데, 나 같은 경우에는 1페이지 하단으로 리스팅을 배치해서 꾸준히 판매가 유지될 수 있는 조건을 만들 수 있다. 이런 방식을 이용해서 슈테인더 베스트 판매 제품인 Nail clipeprs ACoS를 18%로 유지하고 있다.

초반에는 한 SKU당 두세 개의 스폰서 광고를 운영하는 것도 좋은 전략 중의 하나이다. 이 경우 초반에는 미국 시간과 같은 시간에 모니터링을 하는 것이 매우 중요하다. 필자도 광고를 시작한 초반에 잠을 자지 않거나 주기적으로 일어나서 광고 결과와 ACoS, Sales를 분석했고 이 작업에 100% 이상 매달렸다.

자본 잠식 중에서 가장 중요한 것은 광고, 마케팅 비용이다. 사업 초기에는 수익이 발생하지 않기 때문에 나는 내 주변에 아마존을 시작하는 사람이 있으면 최소 6개월에서 1년 정도의 자본이 필요하므로 그 자본이 없다면 도전을 미루라고 충고한다. 어느 유튜버의 말처럼 아마존에서 95%의 셀러는 성공하지 못한다는 말이 맞다고 생각한다. 이것은 초반의 승패 구간에서 결국 수익을 못내는 셀러가 대부분이라는 의미인데, 나도 이 부정적인 숫지에 매우 크게 동의한다. 그리고 판매가 잘 되어 초기 사업 진입을 잘한 5%의 셀러들도 자금 압박이 상당했을 것이다. 하루에 한두 개 정도만 판매된다면 발주와 재고 관리가 어렵지 않지만, SKU당 40~50개가 판매된다면 발주량과 발주 주기가 잦아져서 곧바로 자금 압박으로 이어질 수 있다.

아마존 전략 대공개

아마존 필수 핵심 전략 1 - 아이템 제대로 선정하기

"나는 안전한 제품이 필요해!"

아마존 사업에서는 아이템의 결정이 매우 결정적인 역할을 한다. 대박을 내는 제품을 만들어 낼까, 아니면 망하는 쪽박 제품을 만들어 낼까? 과연 나의 결정은 무엇이었을까?

간단히 말해서 나는 대박도, 쪽박도 원하지 않았고 아주 보수적으로 안전한 제품을 찾았다. 슈퍼겐코리아에서 겪은 수많은 경험과 리스크 관리(risk management) 훈련 덕분에 이러한 전략적 마인드는 본능적으로 체득되었다. 나는 사업 초반에 성과를 내기 위해 여러 가지 조직의 기능과 리소스가 필요했는데, 이것을 현실화시키고 기반을 잡기 위해서는 아이템이 필요하였다. 그리고 이것이 바로 현재 진행하고 있는 생활용품 브랜드 'Steinder'이다. 나에게 모두들 물어본다.

"왜 풋케어 제품인가요?", "왜 손톱깎이인가요?"

여기에는 아주 상당한 노하우와 전략과 상황에 따른 판단이 따른다. 아무도 나를 도와줄 수 없는 상황에서 나 혼자 모든 것을 결정해야 했기 때문에 아이템 선정이 상당히 부담스러웠다. 내가 이 부분을 무척 강조하는 이유는, 최근 유튜브에서 해외에 사는 분이 아이템을 선정할 때 가장 중요한 부분에 대해 소개한 영상을 보았기 때문이다. 그 영상에서는 가장 중요한 것이 이메일을 잘 쓰고 유튜브를 처음 하는 초자인 티를 내면 안 된다는 것이라고 황당한 이야기를 해서 내가 유튜브 화면을 보다가 매우 난감한 적이 있다. 내가 알지 못하는 필드에서 불량의 조건이나 요소를 고려하지 않은 채 이미지만 보고 이메일로 아이템 소싱을 한다? 내가 보수적인지는 몰라도 나는 이 소싱 프로젝트는 99.99% 실패한다고 확신한다. 더군다나 한국 사람이 상대하기 어려운 중국 시장에서 소싱을 한다는 것은 매우 기가 막힌 접근이다.

내가 생산 공장을 가지고 있지 않다면 내가 무엇을 팔지, 어떤 전략으로 접근할지 등 여러 가지 면에서 철저하게 고민해야 한다. 아무리 아마존 최고의 판매와 마케팅 노하우를 가지고 있어도 제품에서 낮게 리뷰를 받거나 홍보를 해도 반응이 적다면 300% 성공하지 못한다. 그래서 나에게 무엇이 가장 중요하는지 물어본다면 나는 '제품 선정'이라고 이야기할 것이다. 제품이 잘 팔리고, 안 팔리고가 아니라 제품 자체에 이슈가 생기면 초반부터 사업 존패의 기로에 놓이게 되는 것이다.

슈피겐코리아에서 아마존 판매를 경험한 나에게도 이 부분은 정말 어려웠다. 잘 나가는 슈피겐에서 난다 긴다 할 만큼 뛰어난 매니저들도 처음에 안 팔리는 재고는 결국 못 파는 경우가 허다했다. 그래서 나는 무엇으로 시작할까? 무엇이 안전한 제품일까?를 수없이 많이 고민했다. 안전한 제품이란, 판매했을 때 반품이나 제품에 대한 후기가 무너지지 않는 제품이어야 한다. 즉 제품 자체에 문제가 발생하면 안 된다. 아무리 최신 제품이나 특별한 스펙을 가진 제품이어도 고객의 리뷰가 좋지 않으면 아마존에서 지속적으로 판매할 수 없다.

안전한 제품이란 무엇인가?

나는 여러 가지 한정된 경험을 통하여 본능적으로 제품을 선택하기 때문에 나의 경험과 제안이 오히려 방해가 될 수도 있다. 하지만 내가 가지고 있는 아이템 선정 마인드 카테고리를 설명하면 다음과 같다.

① 카테고리에서 시장조사를 한다.

"내가 고객이라면 이 제품에 대한 리뷰를 어떻게 쓸까?"

"이러한 제품들은 고객 만족의 레벨이 어느 정도 되어야 하는가?"

이런 질문은 나의 제품이 리스팅되어 고객 구매까지 했을 때 가정해 볼 수 있다. 그러면 고객이 리뷰를 남길 때 발생할 수 있는 리스크에 대해 살펴보겠다. 자세히 예를 들면, 손톱깎이를 샀는데 손톱이 잘 깎아지지 않는 부분을 빼고 리스크가 크지 않은 제품이라고 판단하였다. 반면 내가 화장품을 구매했을 경우 스타트업이라고 가정하고 내가 화장품에 백그라운드가 없다는 현실적인 상황에서 고민해 보았다. 내가 개발한 제품이 아무리 좋아도 고객의 피부가 얼마나 예민한지와 알러지성 피부 조건에 따라 나의 제품에 대한 리뷰가 안 좋게 나타날 수 있다. 이러한 부분에서 손톱깎이는 어느 정도 안전한 제품이라고 결정할 수 있다. 이와 같이 아마존에서 사업을 한다면 백그라운드나 현재의 상황, 또는 주변 지인들의 역량에 따라 제품 평가가 달라지지만, 나의 경우는 그렇다는 것이다.

② 고객의 호불호가 있는 제품인지 파악한다.

향수는 어떤 사람들에게는 좋은 향이지만, 어떤 사람에게는 그렇지 않기 때문에 호불호가 있는 제품이라고 생각한다. 언젠가 향을 파는 업체를 만난 적이 있다. 향은 우리나라 사람들의 정서에 익숙한 향과 서양 사람들이 가지고 있는 향, 그리고 그들이 쓰는 방식에서 차이가 난다. 그래서 나는 향 판매에서는 양키캔들과 경쟁해서 이기기가 쉽지 않다고 생각한다.

③ 브랜드가 구매에 강력하게 영향을 미치는 제품은 피한다.

고객들이 구매할 수 있는 허들, 즉 장벽이 아주 낮은 제품 카테고리가 안전한 제품이라고 할 수 있다. 내가 진입한 아이템에는 아주 강력한 브랜드가 없다. 예를 들어, 면도기를 판매하려면 강력한 브랜드인 브라운(Brown)과 필립스(Philips)를 브랜드와 가격 경쟁에서 이길 수 있어야 하는데, 이것은 사실 어렵다. 따라서 강력한 브랜드가 존재하는 카테고리는 Private Label로는 진입하지 않는 것을 권한다.

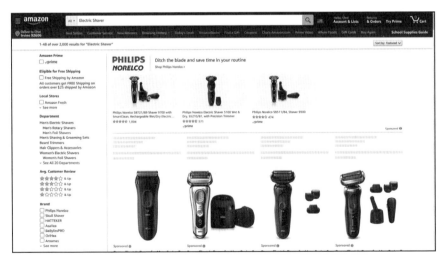

▲ 아마존에서 'Electric Shave' 키워드로 검색한 사례 – 강력한 브랜드 키워드는 진입하지 말 것!

앞에서 설명한 몇 가지 조건을 철저하게 고민한 후 나는 첫 브랜드 'Steinder'를 만들었다. 'Steinder'가 속한 카테고리에는 강력한 경쟁 브랜드뿐만 아니라 강력한 콘셉트를 가진 브랜드도 없다. 따라서 기능에 충실한 제품으로 결정한다면 좋은 결과로 고객을 만족시킬 수 있을 것이라고 확신하였고, 나는 지금 그 결과를 직접 눈으로 보고 있다.

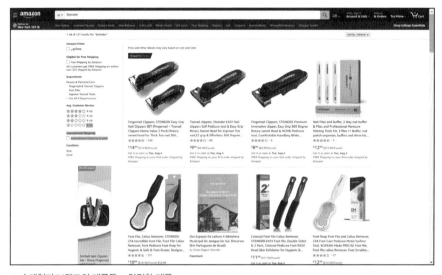

▲ 슈테인더 브랜드의 제품들 – 안전한 제품

수많은 카테고리에서 매우 훌륭한 사례가 발 각질 제거기였다. 이 제품은 아마존에서 판매를 시작한 지 3개월도 되지 않아 150개가 넘는 좋은 피드백뿐만 아니라 리뷰 4.8이 되는 아주 뛰어난 평가도 받게 되었다. 이렇게 좋은 결과를 낼 수 있었던 이유는 철저한 고민 끝에 아이템을 선정했기 때문이다.

▲ 슈테인더 발 각질 제거기의 좋은 피드백 결과 2 – 철저한 고민 끝에 아이템을 선정해라!

블루오션이 정말 아마존에서 통할까?

아마존 사업을 위한 아이템을 선택할 때 상당히 많은 분들이 블루오션 제품이나 특이한 제품을 가지고 나에게 자문을 구하러 온다.

"이거 잘 팔리겠지요?"

하지만 나는 바로 즉시 "NO!! NEVER!!"라고 한다. 그러면 질문자들은 이게 어디서 몇 만 개씩 팔리는 제품이라고 소개하지만, 사실 아마존에서 시장조사한 것이 아니다.

아마존은 철저히 키워드로 검색되고 검색된 결과에서 판매가 발생한다. 블루오션의 제품도 기회가 많지만, 이런 제품은 아마존에서 당연히 키워드가 생성되지 않았기 때문에 찾는 고객도 많지 않다. 아마존은 오히려 처절하게 경쟁하고 있는 레드오션 제품에서 내가 1페이지에 노출하려는 전략으로 성공하는 시장이다.

아이템을 선정할 때 경쟁 제품이 많다고 해서 피할 것이 아니라 오히려 여기서 노출하려는 전략을 세우고, 제품의 마케팅 포인트가 아마존 고객들에게 어필될지를 철저하게 조사하고 고민해야 한다. 나의 경우에는 'Steinder'라는 브랜드로 손톱깎이 제품을 고민하였는데, 이 카테고리에서 경쟁자들은 이미 1만 8,000개 이상의 리뷰를 보유하고 있었다. 이러한 시장은 계란으로 바위를 친다는 느낌이 든다. 하지만 내가 무슨 계란을 가지고 있느냐가 성공의 핵심이 된다. 내가 가지고 있는 제품은 손톱깎이의 헤드가 360도 돌아가는 제품이어서 이것을 가지고 홍보하고 어필하면 바위에 흠집을 낼 수 있겠다고 생각했다. 그리고 강력한 경쟁사들이 대부분 중국산 저가제품을 판매하고 있었기 때문에 비싸지만 팔 수 있는 구조를 만들었다. 그 결과, 내가 판매하는 360도 회전 손톱깎이는 현재 베스트셀러 20위 안에 들어가는 판매 성과를 내고 있다.

블루오션이냐, 레드오션이냐에서는 레드오션 시장이 아마존에서 맞다. 그리고 내가 경쟁사들과 차별화할 수 있는 포인트가 무엇인지에 따라 아이템을 선정한다면 실패 확률을 많이 낮출 수 있을 것이다. 이러한 부분은 아무도 가르쳐주지 않으며, 이 부분을 가르쳐줄 수 있는 사람도 많지 않다. 그러므로 반드시 잘 고려해서 아이템 선정에 참고가 되었으면 좋겠다.

10:01

🔒 amazon.com

Fingernails by QLL - Swing Out Nail Cleaner/File - Sharpest...
⭐⭐⭐⭐ 834
$7.99

#18 BESTOPE Nail Clippers with Catcher, No Splash Fingernail Toenail Clippers Set with Nail File, Stainless Steel Nail...
⭐⭐⭐⭐ 2,260
from $12.99

#19 Fingernail Clippers, STEINDER Easy Grip Nail Clippers SET (Fingernail + Toenail Clippers Home Value 2 Pack) Rotary...
⭐⭐⭐⭐ 219
$14.99

#20 Seki Edge Nail Clippers (SS-106) - Stainless Steel Fingernail Clippers for Men & Women - Sharp Cutting Edges for Thick...
⭐⭐⭐⭐ 3,634

영어 한국어

◀ 레드오션에서 살아남기 – 손톱깎이로 베스트셀러
19위의 성과

아마존에서 경험해 보니 레드오션에서 살아남는 것은 정말 힘들다. 그러나 모든 카테고리에는 반드시 강력한 경쟁자가 있고, 그 경쟁에서 살아남을 수 없다면 어차피 곧 올라올 경쟁사에게도 밀리기 마련이다. 가능하다면 중국 셀러와의 경쟁을 피해야 하지만, 중국 셀러들과 경쟁을 피할 수 있는 곳은 현실적으로 없다. 차별화 전략으로 1등은 못해도 또 다른 니즈를 채울 수 있는 시장을 공략해야 한다. 그래서 나는 손톱깎이를 비싼 가격인 15불에 팔았고 베스트셀러 20위 안에 드는 것을 목표로 하였다. 그 결과, 현재는 19위까지 들어가는 좋은 결과를 내고 있다.

아마존 필수 핵심 전략 2 - 패키지에 모든 것 담기

패키지를 하나의 광고판으로 쓰자

내가 처음 제품을 기획할 때는 아마존에서 판매할 때 중국 제품들과 어떻게 차별화할지 아주 많이 고민하였다. 왜냐하면 중국 제품들은 이미 4~5년 전부터 리뷰 1만 개 정도를 보유하고 있었기 때문이다. 이런 상황에서 나의 유일한 경쟁력은 패키지로부터 시작했다. 아마존에서 내가 할 수 있는 전략은 다음과 같았다.

❶ 타이틀 이미지
❷ 제품 가격
❸ 타이틀 Sentence

이 중에서 제품 가격은 중국 제품보다 50% 정도 비싸기 때문에 얼마나 차별화된 이미지를 리스팅하느냐가 나의 유일한 전략이었다. 그렇다면 손발톱깎기와 각질 제거기를 어떻게 차별화할 수 있을까?

수없이 많이 고민하는 한편, 아마존 정책(Amazon policy)을 위반하지 않으면서 유일한 나만의 소구점을 잡은 것이 바로 패키지의 차별화였다. (중국 셀러들은 상당히 많이 폴리시를 위반한다.) 즉 패키지를 하나의 광고판으로 쓰자는 것이었다. 아마존에서 판매할 때 중국 셀러들은 비닐 패키지에 곧바로 배송을 한다. 이것은 어떻게든 지 비용을 줄이려는 전략에서 본다면 아주 잘하는 방법이지만, 다른 방면의 생각은 하지 못하는 것이었다. 나는 절반은 제품으로, 절반은 패키지로 표현하는 방법으로 제품을 어필하기로 하였다.

2 Minute!! Foot file 패키지의 사례

▲ 타이틀 이미지의 차별화 전략 1 – 패키지에 온 힘을 담아서!

"내가 왜 이렇게 화려한 색과 숫자 '2'를 강조했을까?"

원래 아마존은 제품 외에는 특별하게 보여지면 안 되지만, 워낙 많은 중국 셀러들이 이것을 위반한다. 아마존에서는 정책 위반이 아주 무섭지만, 그들은 대놓고 위반을 해서 신고도 많이 해 보았다. 그러다가 나는 나만의 전략을 짜보았다. 어떻게 하면 아마존 폴리시를 위반하지 않으면서 아마존 페이지에서 전략적으로 제품을 돋보이게 할 수 있을까? 패키지에 올인을 하자!!! 바로 이것이었다!

234 Foot file 업그레이드의 예

흑백 톤의 패키지로 줄 수 있는 효과는 한계에 다다랐다고 판단하였다. 이렇게 판단한 이유는 소비자의 반응 때문이었다. '234'라는 정보가 고객들을 이해시킬 수 없다고 판단했기 때문에 그냥 색상으로 고객의 눈을 끌자고 목표를 변경하였다. 대부분의 고객은 이미지로 구매 결정을 시작하므로 여기까지는 해 보고 싶어서 첫 패키지가 소진된 후 다음의 사진과 같이 업그레이드해 보았다. 다른 제품들은 거의 브라운 톤과 메탈 톤이고, 슈테인더(Steinder) 각질 제거기가 후발주자였지만, 어떻게든지 고객의 눈을 끌어들이려고 노력하였다.

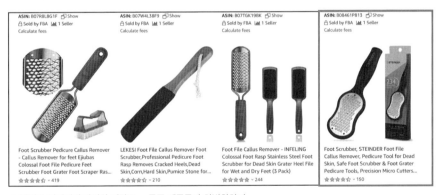

▲ 타이틀 이미지의 차별화 전략 2 – 중국 제품들과 차별화하기

360도 회전 손톱깎이

360도 회전 손톱깎이 제품은 차별화가 필요했다. 이 과정에서 중국 제품과 차별화시키려다 보니 다음과 같은 내용이 완성되었다. 손톱깎이 제품들도 제품만으로는 차별

화하기 힘들다. 특히 패키지를 넣지 않고 제품만으로 승부하는 것은 더욱 어려웠다. 게다가 중국 일본 제조사들이 판매하는 거의 모든 제품의 경우 메탈이나 블랙 색상 제품들이 포진되어 있어서 차별화하는 데 더 많이 노력해야 했다. 결국 이러한 노력 은 제품 기획부터 이어진다.

▲ 타이틀 이미지의 차별화 전략 3 - 제품 기획부터 차별화된 360도 회전 손톱깎이

위에 이미지를 보면 Greenbell, Seki 같은 일본 제품들은 거의 전략이 없다. 그냥 일본 제품이니까 사라고 하는 정도의 전략을 담고 있는 것 같다. 그러나 중국 제품들 은 가격과 색상이 이미 미국 소비자의 마음을 잡고 있어서 나름 전략적이다. 나는 같

은 공간에서 눈에 띄는 제품을 만들기 위해 몇 가지 노력을 했는데, 눈썰미가 있다면 이미 발견했을 것이다. 구매할 때 신뢰감을 주고 눈에 띄게 이미지를 구현한 것이 가장 큰 목표였는데, 이것이 바로 이렇게 어려운 아마존 시장에서 베스트셀러에 들어갈 정도로 좋은 성과를 냈다고 생각한다. 한국 제품으로는 처음 이룬 성과였지만, 아직 판매 순위 100위 안에는 한국 제품이 없다.

제품 패키지와 포장 작업

나는 수많은 경험을 통해 체득된 감각으로 한국 제조사를 만나서 계약했고 제품을 납품받았다. 이 과정에서 별것 아니지만 맨 처음에는 물건을 반드시 하나하나 꼼꼼히 살펴보았다. 물론 초반에 비용이 없어서 직접 수백 개의 제품을 포장했는데, 입고하자마자 로고의 SPEC이 다른 것을 확인하였다.

문제는 아마존 FBA 창고에 물건이 잘못 들어가면 되돌릴 수 없는 상태가 된다는 것이다. 따라서 입고 전에 반드시 물건을 정확하게 확인해야 한다. 특히 오너가 직접 확인하는 것이 중요하기 때문에 제품의 불량 상태에 대해 여러 방면에서 공부해야 한다. 예를 들어, 내가 판매하는 손톱깎이는 여러 번 불량을 확인하였고, 계속 업그레이드하여 지금의 4.5만 리뷰를 만들어오고 있다. 이와 같이 패키지의 상태와 제품의 병합 등등 모든 사항을 소비자의 입장에서 관리 및 파악하고, 재고를 FBA 창고로 넣을지에 대해 결정해야 한다. 만약 불량의 재고가 많이 섞여 들어간다면 그동안 쌓은 수많은 공로가 하루아침에 물거품이 될 수 있으므로 출고 작업과 패킹 작업을 할 때는 반드시 QC(Quality Control) 작업에 대한 공정 수준을 높여야 한다. 초반에 불량품이 입고되면 아무리 아마존으로 별짓을 다해도 나쁜 리뷰를 받게 되는데, 그러면 결과는 불 보듯 뻔해진다. 따라서 제품 포장 작업이 아마존 사업과 얼마나 중요한지 정확하게 이해하는 것이 상당히 중요하다.

2015년 말부터 집중적으로 진행한 아마존 유럽사업을 세팅하고 추진하는 과정에서 인생의 아주 귀한 경험을 얻었다. 하루에 수만 개 이상의 글로벌 시장뿐만 아니라, 특히 아마존 미국과 유럽에서 판매되는 아마존 사업을 운영할 경우 그 안에는 그동안의 경험과 좌충우돌하면서 쌓은 노하우와 시스템이 담겨있다. 그 조직 안에 있는 수백 명의 직원들이 유기적으로 연결된 시스템을 바탕으로 일정한 프로세스로 운영된다. 1만 원 정도의 평단가로 구성되는 제품이 하루에 수만 개씩 판매될 경우 한국에서 제조해서 아마존 창고 입고와 판매 및 정산까지 정말 너무도 복잡하고 많은 프로세스가 정밀하게 구성된다.

이런 운영 조직을 운영하다가 퇴사하고 홀연단신 스타트업을 하게 되었다. 이 과정에서 아마존을 운영하려고 하는데, 그 시스템과 노하우가 머리로는 다 알고 계획이 있었지만, 현실적으로 내가 사업하는 제품 SKU와 판매량, 그리고 노하우를 시스템화할 수 있는 역량이 없었다는 것이 가장 큰 어려움이었다. 일단 아마존 사업을 시작하고 어느 정도 판매를 올린 후 아이템을 추가하고 본격적인 사업을 시작하면서 지속적으로 이러한 니즈가 Favonex 안에서 발생하였다. '이것은 내가 다 손으로 직접 눌러서 확인해야 하는구나!'라고 생각했는데, 이런 불편함과 비효율에 대한 성찰은 솔직히 일반적으로 처음 아마존을 한다면 느끼지 못하는 것이다.

페이보넥스의 사업 비전의 기반은 '다음 세대를 키운다'였다. 즉 내가 가진 경험과 글로벌 유통 노하우를 나와 함께 하는 직원들과 파트너들과 공유하면서 글로벌 진출을 본격화하는 것이었다. 초반부터 브랜드와 유통, 그리고 아마존 사업을 일으키기 위해 잠도 안 잘 만큼 노력해 왔다. 그러다가 생각이 확장되었다. 그렇다! '내가 그동안 쌓은 노하우와 관리 시스템을 IT 솔루션으로 만들어서 보급하면 많은 소상공인들에게 큰 도움이 되겠다!'는 생각이 들었다. 내가 스타트업을 하면서 가장 어려웠던 부분은 비용의 문제였고, 사업이 잘 된다고 해도 채용 문제가 바로 현실적인 문제였다.

스타트업에는 솔직히 역량과 미래 자산을 갖춘 젊은이들이 일을 하지 않으려고 한다. 이 부분은 나도 현실적으로 느끼고 있는 부분이고 충분히 이해한다. 나 같아도 젊은 나이에 선뜻 스타트업에 미래를 투자하지 않을 것이다. 내가 근무하던 슈피겐의 역량이 뛰어난 직원들도 모두 나와 함께 하지 않으려고 했으니 말이다. 이 부분은 아주 현실적인 어려움이다. 그래서 아마존의 AP를 연결하여 솔루션을 만들면 이러한 비용과 채용의 문제를 해결할 수 있겠다는 새로운 비전이 생겼다.

프로그램 이름을 고민하다가 'AMZ Bridge'로 결정한 후 상표와 기술 특허를 냈고, 이를 통해 기술 벤처로 등록하는 과정 중이다. 이 솔루션은 가장 크게 본다면 업무 효율화와 아마존 사업에 가장 중요한 판매와 재고 관리, 더 나아가 이러한 DATA 마트를 구축한 후 AI 솔루션을 도입하고 있다. 예를 들어, '국가별 이벤트와 지난해 판매와 재고 준비량' 등을 정리해서 준다면 정말 효과적으로 업무를 관리할 수 있겠다고 생각했다.

가장 혁신적인 부분은 자동 키워드 컬렉션 기능이다. 아마존을 하려면 나의 제품의 포지션과 경쟁사 파악이 제일 중요하다. 이 업무를 하기 위해 나뿐만 아니라 많은 인력과 시간이 투입된다. 따라서 이 부분을 자동화해서 나의 판매 제품이 어디에 위치하는지 자동화하는 프로그램을 만들고 있다. 이 프로그램은 비용과 효율이 중요한 소상공인들에게 큰 도움이 될 것으로 믿는다.

또 하나의 가장 큰 축은 아마존 실무에 가장 중요한 판매와 재고 관리를 위한 솔루션이다. 시중에는 아마존에서 나오는 판매 데이터 키워드 데이터를 사용한 '아마존 소프트웨어'가 매우 많다. 나도 사업을 하면서 이러한 소프트웨어를 사용하여 아마존 시장조사를 한다. 그러나 시장에 런칭한 후에 재고 관리와 판매 관리가 되는 프로그램은 없는 것 같다. 그래서 나의 경력과 경험을 어필한 후 정부 과제를 하나 획득했다. 세상에 없던 솔루션이어서 자신 있게 발표한 결과, 정부 과제로 채택되었다. 그리고 과제가 선정되어서 실질적으로 11월 말에 프로그램 개발을 완료해서 런칭하려고 한다.

그렇다면 이 프로그램의 개발을 어디에 런칭할까? 물론 한국과 글로벌 시장이다. 이 솔루션 런칭과 동시에 한국과 글로벌로 런칭 목표를 하고 있다. 이 책 《퇴근 후 아마존》도 아마존 사업을 하는 개인과 사업체에 도움이 되기를 원하지만, 이 솔루션도 실시간 도움이 되는 툴로 발전되기를 강력하게 바란다.

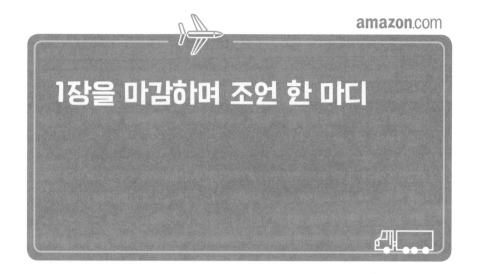

amazon.com

1장을 마감하며 조언 한 마디

2020년에는 코로나 때문에 직격탄을 맞아서 사업의 근간인 배송이 흔들렸다. 아마존에서 고객 배송이 4~5주 연기된다는 공지를 받고 나서 새로 사업을 시작하자마자 망하는 듯한 느낌이었다. 새벽까지 잠을 자지 못하고 아마존 셀러 센트럴만 지켜보았다.

아마존의 가장 큰 장점인 2~3일 내 배송 시스템이 4~5주씩 연기되었기 때문에 고객들이 절대로 구매하지 않을 것이라고 생각하였다. 잠시 잠을 자고 일어났는데, 평소보다 30% 정도 매출은 하락했지만 완전히 망하지 않을 것 같았다. 오히려 4월에는 중국 업체들이 제품을 제대로 공급할 수 없어서 매출이 더 크게 향상되었다. 그리고 7월에는 그동안 애쓴 보람 덕분에 nail clippers, Toenail clipeprs, Fingernail clippers에 모두 노출되어서 이제는 완전히 자리잡았다고 생각하기도 했다. 하지만 갑자기 또 자리가 뒤바뀌더니 2페이지로 밀려서 새로운 마음과 독창적인 전략으로 부스팅을 해야 하였다.

이와 같이 아마존에서는 끊임없는 노력과 관심뿐만 아니라 지속적인 전략을 세우면서 관리해야 한다. 아무리 절망적인 상황이라도 마인드를 꾸준히 관리하면서 열심히 해야 하고, 아이템을 계속 개발해야 한다고 조언하고 싶다. 아마존에서는 경쟁사끼리 너무나 경쟁이 치열하기 때문에 오프라인보다 주도적인 입지에서 제품의 라이프 사이클(life cycle)이 길 수도 있고, 생각보다 짧을 수도 있다. 따라서 추가 제품을 소개하여 라인업을 확대하면서 사업의 확장과 동시에 안정적인 라인업 포트폴리오를 꾸준히 준비해야 한다.

아마존 유통 판매 사업 이야기

– 김대원 팀장

amazon.com

왜 아마존 유통 사업인가

판매 방식의 장·단점

내가 아마존 판매를 시작할 때 가장 큰 고민은 어떠한 아이템을 판매하는가였다. 기존에 있는 제품을 팔 것인지, 아니면 브랜드 제품을 팔 것인지에 대해 무척 고민했다.

어떠한 제품을 기획해서 판매할 때까지 많은 시간과 비용이 필요하다. 물론 이렇게 노력해서 성공한다는 보장만 있으면 과감히 투자할 것이다. 하지만 나는 확률적으로 접근하였다. 과연 내가 제품을 기획해서 판매한다면 성공할 확률이 과연 몇 퍼센트 (%)일까? 이러한 질문을 스스로 던졌을 때 나는 한 번 더 아마존 판매 방식에 대해 정의해 보았다.

아마존에서 판매할 경우 크게 브랜드 판매 방법과 유통 판매 방법이 있다.

❶ 브랜드 판매
❷ 유통 판매

브랜드 판매로 시작할 경우에는 몇 가지 리스크가 있었는데, 가장 걱정되는 부분은 판매가 안 되었을 경우였다. 브랜드 판매일 경우에는 MOQ(Minimum Order Quantity) 생산을 해야 하는데, 이 부분은 자금 부담과 향후 안 팔릴 경우 재고 부담으로 돌아올 수 있었다. 그래서 내가 결정한 판매 방법은 유통 판매 방법이었다. 유통 판매의 장점은 다음과 같이 몇 가지 포인트로 나눠볼 수 있다.

❶ 소량 테스트 판매가 가능하다.

    기존에 있었던 제품을 판매하기 때문에 아마존에서 소량으로 테스트 판매를 해서 고객들의 반응을 체크해 볼 수 있다.

❷ 다양한 제품을 판매해 볼 수 있다.

    유통 판매이기 때문에 여러 가지 카테고리 제품별로 테스트 판매를 해 볼 수 있다.

❸ 소자본으로 시작할 수 있다.

    대량 판매를 하지 않기 때문에 소자본으로 아마존에서 판매를 시작해 볼 수 있다.

물론 유통 판매의 단점도 분명히 있다.

❶ 경쟁자가 분명히 존재한다.

    기존 제품을 판매하기 때문에 미국 독점권을 갖지 않는 이상 경쟁자가 분명히 존재한다. 이 것은 향후에 큰 리스크로 되돌아올 수 있다.

❷ 브랜드 광고와 상표권 보호가 어렵다.

    브랜드 판매가 아니기 때문에 아마존에서 판매할 경우 브랜드 광고와 상표권 보호가 안 된다.

이러한 단점 때문에 향후에 결국 브랜드 판매를 권장한다. 하지만 일반인일 경우 소자본으로 시작하기 때문에 본인만의 제품을 찾기 전까지는 유통 판매 방법을 권장하고 싶다. 왜냐하면 빠르게 테스트해 볼 수 있을 뿐만 아니라 향후 반응이 좋은 제품군들을 브랜드 제품으로 기획해서 판매해 볼 수 있기 때문이다.

아이템 정하기

아마존에 판매할 제품을 찾을 때 반드시 가장 먼저 고려해야 할 사항은 감에 의존한 접근을 경계하라는 것이다. 물론 감에 의존한 접근이 의미가 없다는 뜻이 아니라 실패할 확률이 높다는 점을 강조하고 싶다. 물론 예외는 있다. 나이키나 아이폰처럼 누구나 아는 브랜드 제품을 제외하고 모든 제품이 소비자로부터 선택받는 것은 아니다.

나도 한때는 어떤 제품에 필이 꽂혀서 '이 제품은 무조건 잘 팔릴 거야!', '한국에서 인기가 있었으니까 미국에서도 잘 팔릴 거야!'라는 생각에 사로잡혔고, 단지 감으로 접근하여 아마존 판매를 진행하려고 했던 적이 있다. 하지만 8년 간 아마존 판매를 해 온 나의 경험뿐만 아니라 다양한 판매 성공 사례를 살펴보면, 감보다는 철저한 시장 분석과 데이터 분석을 통해 제품을 선택하고 판매하는 성공 확률이 감에 의한 판매 성공 확률보다 훨씬 높았다. 물론 감이 중요하지 않다는 것이 아니다. 다만 이 책을 읽는 독자분은 아마존 사업 초반에 가이드라인을 그릴 때 감보다는 데이터를 꼭 확인하라고 강조하고 싶다.

아마존 소비자는 어떻게 공략해야 할까?

먼저 한국에서 온라인 쇼핑을 할 때 어떻게 하는지 다시 살펴보았다. 한국에서 온라인으로 제품을 구매할 때 보통 네이버에서 제품 이름을 검색한다. 이후 판매 랭킹 순으로 제품을 나열하고 평점이 높으면서도 가격이 적당한 것을 구매한다. 제품이 무엇인지에 따라 오픈 마켓에서 검색할 때도 있다.

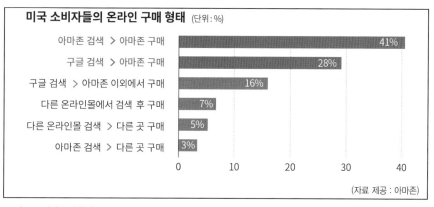

▲ 미국 소비자들의 온라인 구매 형태

미국 소비자도 구매 패턴이 비슷할 것이라고 생각한다. 온라인에서 구매하는 방법에는 구글에서 검색한 후 아마존 제품을 구매하거나, 아마존에서 검색해서 제품을 구매하는 방법이 있을 것이다. 하지만 실제로 데이터를 확인해 보면 아마존에서 제품을 검색해 아마존에서 구매하는 고객이 더 많았다. 아마존에서 제품을 검색한다는 것은 구매 의사가 있다는 뜻이니 판매로 이어질 가능성이 높다고 판단하였다.

그렇다면 아마존에서 제품을 검색한 소비자들을 공략하려면 어떻게 해야 할까? 우선 아마존에서 제품을 검색하면 연관 제품이 자동으로 표시된다. 일명 '서치텀(search term, 검색어)'이라고 하는데, 제품의 노출 순서는 아마존의 내부 알고리즘에 의해 결정된다. 이 알고리즘은 아마존 직원들도 알 수 없다고 하지만, 경험을 통해 추정해 볼 수는 있다.

▲ Amazon Sales Process System(ASPS)

샘플 구매

내가 첫 번째로 가장 많이 고민했던 것은 과연 어떤 제품을 팔 것인가였다. 그 다음 가장 큰 고민은 어떤 제품을 팔아야 잘 팔릴까였다. 제품을 찾아서 동대문, 남대문 등 도매시장을 돌아다녔고, 네이버에서 잘 팔리고 있는 모든 카테고리 제품을 분석해 보고 찾아 헤맸다. 이렇게 거의 석 달 동안 판매할 제품을 찾았었는데, 내가 내린 결론은 이렇다.

"직접 판매해 보기 전까지는 모른다!"

실제로도 '이런 제품이 잘 팔리겠어?'라고 생각한 제품이 정말로 판매가 잘 된 적도 있었고, 반대로 판매가 잘 될 것 같은 제품이 소비자의 외면을 받은 적도 있다. 앞에서 감보다는 데이터에 의한 접근을 하라고 설명했는데, 이번 장에서는 갑자기 '판매해 보기 전까지 모른다?'라고 말하니 의아한 분들도 있을 것이다. 감에 의존하지 말라고 조언한 것은, 처음부터 감에 너무 의존하면 향후 자칫 위험에 빠질 수 있는 요소가 많기 때문이다. 그러므로 처음부터 데이터에 의한 접근부터 시작하는 게 성공률을 높일 수 있는 방법이다. 하지만 현실은 데이터와 100% 일치하지 않는다. 아마존은 살아 움직이는 생태계이다. 결국 좋은 제품은 소비자의 선택을 받을 것이고, 그렇지 못한 제품은 철저하게 외면받을 것이다.

제품을 선정할 때 가장 중요한 점은 꼭 테스트 판매를 해 보고 판단하라는 것이다. 내가 판매할 제품을 어느 정도 결정하면 처음부터 공장을 찾아서 제품 생산 의뢰를 하는 분들도 있다. 하지만 MOQ(Minimum Order Quantity, 최소 발주 수량)가 보통 2,000~3,000개 정도는 되어야 공장에서 제품을 생산해 줄 것이다. 물론 처음부터 판매했을 때 대박 제품이라면 바로 공장에서 제조해서 판매해도 되지만, 대부분 이러한 접근법으로는 실패할 확률이 높기 때문에 주의해야 한다.

판매 가격 설정

아마존 판매 가격 설정하기
아마존에서 세럼 판매를 진행한다고 가정하고 판매 가격을 설정해 보겠다.

▲ 페이셜 세럼의 베스트셀러 TruSkin

1차적으로 아마존에 판매할 가격을 설정할 때 다음 세 가지 포인트를 고려해야 한다.

❶ 제품 원가

제품 구입 시 또는 생산 시 들어가는 비용

❷ 배송료

한국이나 중국에서 미국 FBA에 발송할 때 드는 비용

❸ 아마존 수수료

아마존 FBA 수수료 및 카테고리 수수료

❶과 ❷ 비용은 제품 및 각각 사용하는 물류 방법에 따라 매우 다양하므로 계산하는 방법은 독자들에게 맡기겠다. 결과는 쉽게 구할 수 있을 것이다.

❸은 구체적으로 다음과 같이 구하면 가격을 설정할 때 도움이 될 것이다. 다음의 예시 방법은 대략적으로 수수료를 구하는 방법이다. 구체적으로 단가를 계산하려면 실제로 정확한 무게 및 포장 사이즈가 필요하니 참고하기 바란다.

	Your fulfillment	Amazon Fulfillment
Revenue		
Item price	$ 0.00	$ 19.99
Shipping	$ 0.00	$ 0.00
Total revenue	$ 0.00	$ 19.99
Selling on Amazon fees	$ 0.30 ⌄	$ 3.00 ⌄
Fulfillment cost		
Cost of seller fulfillment	$ 0.00 ⌄	N/A
Fulfillment by Amazon fees	N/A	$ 3.31 ⌄
Ship to Amazon	N/A	$ 2.00
Total fulfillment cost	$ 0.00	$ 5.31
Storage cost		
Monthly storage cost per unit		$ 0.00
Average inventory units stored	1	1
Storage cost per unit sold	$ 0.00	$ 0.00
Seller proceeds	$ -0.30	$ 11.68
Cost of product	$ 5.00	$ 5.00
Net profitability		
Net profit	$ -5.30	$ 6.68
Net margin	0.00%	33.42%

▲ Fulfillment by Amazon Revenue Calculator(FBA·수익 계산기)

- Fulfillment by Amazon Fees

  제품 패키지 무게 및 사이즈에 따라 부과되는 수수료

- Selling on Amazon Fees

  아마존 판매 수수료

대표적으로 뷰티/키친 카테고리는 15%이고 아마존 디바이스 액세서리 카테고리는 45%이다. 좀 더 자세한 사항은 구글에서 검색하거나 아마존 판매자 사이트 셀러 센트럴에서 Selling on Amazon fees를 검색하면 된다. 이때 카테고리별 수수료가 다르니 체크해야 한다.

카테고리	상품 판매 수수료 비율	적용 가능한 최소 상품 판매 수수료 (별도 공지가 없는 한 아이템당 적용)
아마존 디바이스 액세서리	45%	$0.30
유아용품 (유아 의류 제외)	• 총 판매 가격이 $10.00 이하인 상품에 대해 8% • 총 판매 가격이 $10.00 초과인 상품에 대해 15%	$0.30
도서	15%	--
카메라 및 사진	8%	$0.30
휴대폰 기기	8%	$0.30
전자제품	8%	$0.30
전자제품 액세서리	• 총 판매 가격 중 $100.00 이하 금액에 대해 15% • 총 판매 가격 중 $100.00 초과 금액에 대해 8%	$0.30
화장품	• 총 판매 가격이 $10.00 이하인 상품에 대해 8% • 총 판매 가격이 $10.00 초과인 아이템에 대해 15%	$0.30

※ 아마존은 적용 가능한 상품 판매 수수료 비용과 적용 가능한 아이템당 최소 상품 판매 수수료 중 높은 금액을 차감하므로 위의 '상품 판매 수수료' 공지를 참조한다.

테스트 판매

테스트 판매를 거쳐 고객 반응을 체크한다.

테스트 판매 방법

20개 정도의 샘플을 구매한다. 아마존 FBA에 테스트 판매할 제품을 소량 입고한다.

- ❶ 판매 시작 후 2주 동안 판매가 없을 때 키워드 및 메인 타이틀 변경
- ❷ 키워드 변경 및 타이틀 변경 후 2주 안에 판매하지 못할 경우 판매 보류
- ❸ 테스트 판매 직후 4주 안에 20개 샘플 판매를 완료했을 때 추가 발주 진행
- ❹ 테스트 판매 직후 4주 안에 테스트 판매 수량 20개를 다 못 팔 경우 판매 중단

테스트 판매 제품을 선택할 때의 주의 사항

승인이 필요한 특정 상품 및 카테고리

다음에 나열된 특정 상품이나 상품 카테고리를 리스팅하기 전에 아마존의 승인을 받아야 한다.

- 수집용 동전
- 수집품(엔터테인먼트)
- 미술품
- 완구/게임의 연휴 판매 요건
- 주얼리
- Amazon Handmade에 가입
- 아마존 구독 박스에 가입
- Made in Italy
- 음악 및 DVD
- 자동차/모터 스포츠
- 서비스
- 스포츠 관련 수집품

- 스트리밍 미디어 플레이어
- 비디오, DVD, 블루레이
- 시계

각종 수수료

무게 및 부피에 따라 수수료가 책정된다. 부피가 큰 제품들은 물류 비용이 많이 나올 뿐만 아니라 아마존 수수료도 비싸게 책정되므로 꼭 확인해 보고 판매할지를 결정해야 한다. 아마존에서 판매할 때 크게 보면 두 가지 수수료가 있다.

❶ FBA 주문 처리 수수료

주요 FBA 주문 처리 수수료 변경 사항(의류 제외)

2020년 2월 18일부터 아래와 같이 조정된 주요 FBA 주문 처리 수수료가 적용됩니다.

크기 등급	배송 중량	패키지 중량	2020년 2월 18일 이전 단품당 주문 처리 수수료[1]	2020년 2월 18일 이후 단품당 주문 처리 수수료[1]
소형 표준	10oz 이하	4oz	$2.41	$2.50
	10~16oz		$2.48	$2.63
대형 표준	10oz 이하	4oz	$3.19	$3.31
	10~16oz		$3.28	$3.48
	1~2lb	4oz	$4.76	$4.90
	2~3lb	4oz	$5.26	$5.42
	3~21lb	4oz	$5.26+$0.38/lb (최초 3lb 초과분)	$5.42+$0.38/lb (최초 3lb 초과분)
소형 크기 초과	71lb 이하	1lb	$8.26+$0.38/lb (최초 2lb 초과분)	$8.26+$0.38/lb (최초 2lb 초과분)
중형 크기 초과	151lb 이하	1lb	$9.79+$0.39/lb (최초 2lb 초과분)	$11.37+$0.39/lb (최초 2lb 초과분)
대형 크기 초과	151lb 이하	1lb	$75.789+$0.79/lb (최초 90lb 초과분)	$75.789+$0.79/lb (최초 90lb 초과분)
특별 크기 초과	해당 사항 없음	1lb	$137.32+$0.91/lb (최초 90lb 초과분)	$137.32+$0.91/lb (최초 90lb 초과분)

▲ Amazon.com 주문의 FBA 주문 처리 수수료

상품 예시

다음 상품에서는 새 FBA 수수료 구조의 설명을 돕기 위한 것입니다.

소형 표준 크기(0~10oz)	
	모바일 장치 케이스 규격 : 13.8×9×0.7인치 단위 중량 : 2.88oz 배송 중량 : 7oz
2020년 2월 18일 이전	
주문 처리 수수료(단품당)	$2.41
2020년 2월 18일 이후	
주문 처리 수수료(단품당)	$2.50

▲ FBA 주문 처리 수수료의 상품 예시

❷ 상품 판매 수수료

상품 판매 수수료는 카테고리별로 비율이 다른데, 다음과 같이 상품별로 수수료가 책정되어 있다.

주방용품	15%	$0.30
가전제품	• 총 판매 가격 중 $300.00 이하 금액에 대해 15% • 총 판매 가격 중 $300.00 초과 금액에 대해 8%	$0.30
음악	15%	--
악기	15%	$0.30
사무 용품	15%	$0.30
아웃도어 용품	15%	$0.30
PC	6%	$0.30
소프트웨어 및 컴퓨터/ 비디오 게임	15%	--
스포츠(스포츠 관련 수집품 제외)	15%	$0.30
공구/주택 개조 용품	15%(단, 기본 장비 전동 공구는 12%)	$0.30
완구/게임[2]	15%	$0.30

휴대폰(언락 상태)	8%	$0.30
비디오 및 DVD	15%	——
비디오 게임 콘솔	8%	$0.30
나머지 모두[3]	15%	$0.30
승인이 필요한 카테고리	상품 판매 수수료 비율	$0.30
3D 프린팅 상품	12%	$0.30
자동차/모터 스포츠	12%(단, 타이어 및 휠 상품은 10%)	$0.30
화장품	• 총 판매 가격이 $10.00 이하의 상품에 대해 8% • 총 판매 가격이 $10.00 초과인 아이템에 대해 15%	$0.30
의류 및 액세서리 (운동복 포함)	17%	$0.30
수집용 도서	15%	——
수집용 동전	상품 판매 수수료는 카테고리 요건을 참조하십시오.	$0.30
수집품(엔터테인먼트)	상품 판매 수수료는 카테고리 요건을 참조하십시오.	——
미술품	상품 판매 수수료는 카테고리 요건을 참조하십시오.	——
기프트 카드	20%	——
식료품 및 고급식품	• 총 판매 가격이 $15.00 이하의 상품에 대해 8% • 총 판매 가격이 $15.00 초과인 아이템에 대해 15%	——
건강/개인 관리 용품 (개인 관리 도구 포함)	• 총 판매 가격이 $10.00 이하의 상품에 대해 8% • 총 판매 가격이 $10.00 초과인 아이템에 대해 15%	$0.30
산업/과학(식료품 서비스 및 청소/위생용품 포함)	12%	$0.30
쥬얼리	• 총 판매 가격이 $250.00 이하의 상품에 대해 20% • 총 판매 가격이 $250.00 초과인 아이템에 대해 5%	$0.30
여행 가방/ 여행 관련 액세서리	15%	$0.30
신발, 핸드백, 선글라스	15%	$0.30
스포츠 관련 수집품	상품 판매 수수료는 카테고리 요건을 참조하십시오.	——
시계	• 총 판매 가격이 $1,500.00 이하의 상품에 대해 16% • 총 판매 가격이 $1,500.00 초과인 아이템에 대해 3%	$0.30
보증 연장, 프로텍션 플랜 및 서비스 계약	96%	——

▲ Amazon.com 상품 판매 수수료

제품 카테고리별로 최저 6%에서 96%까지 다양한 수수료를 확인할 수 있다. 아직 제품을 정하지 못했다면 6~15% 카테고리 안에서 제품을 찾는 것을 추천한다.

카테고리 경쟁

내가 판매하려는 제품의 카테고리가 경쟁이 너무 심하다면 한 번 고민해 봐야 할 것이다. 예를 들어, 내가 판매하려는 카테고리에서 1위인 제품의 리뷰가 1만 개가 넘어간다면 이런 카테고리는 피하는 것이 좋다. 대신 해당 카테고리 1위인 제품 중 1,000개 미만의 리뷰를 가지고 있는 제품군을 공략하라고 조언하고 싶다.

판매 가격

아마존에서 판매할 때 너무 비싼 제품은 개인 셀러들에게 리스크가 너무 많다. 그래서 아마존에서 개인이 판매하기 가장 좋은 가격대는 10~30달러 사이의 제품대이므로 이 가격대에 판매할 제품을 가장 먼저 찾아보는 것이 좋다. 이러한 방법을 자동으로 진행할 수 있는 '정글스카우트' 프로그램을 이용하면 매우 유용하다.

▲ 정글스카우트 Product Database

키워드 광고 진행

키워드 광고는 다음과 같은 과정으로 진행한다.

❶ 아마존 키워드 광고 진행

　Low Bid로 진행한 후 ACoS 20~30%를 유지한다.

❷ 판매 시작 후 2주 동안 판매가 없으면 키워드 및 메인 타이틀 변경

❸ 키워드와 타이틀 변경 후 2주 안에 못 팔 경우 판매 보류

❹ 테스트 판매 직후 4주 안에 20개 샘플 판매 완료 시 추가 발주 진행

　테스트 판매 직후 4주 안에 테스트 판매 수량 20개를 다 못 팔 경우 판매 중단

샘플로 판매할 제품을 구매해서 FBA 창고에 입고시켰으면 일단 절반은 성공이다. 아마존 키워드 광고를 진행하기 이전에 우선 아마존에 대해 먼저 이해하고 진행하는 것이 좋다.

아마존 VS 구글

아마존 A9 알고리즘상 1위 제품은 소비자가 클릭해서 구매할 확률이 그만큼 높다는 뜻이다. 이때 나는 1위 제품이 하루에 몇 번 클릭되는지, 하루에 몇 개씩 판매가 될지를 파악해야 했다. 지금은 정글스카우트나 헬리움10 같은 프로그램으로 쉽게 판매량을 예측할 수 있지만, 2015년 그 당시 나는 사실 판매 툴을 몰랐기 때문에 사용하지 않았다.

1위인 제품이 하루에 100개 판매되고, 클릭 수는 1,000번 발생한다고 가정해 보자. 1,000번 클릭에 10%가 판매된다는 가정하에 1위에 올랐다면 아마존에서는 어떤 방법으로 상품을 판매해야 할까?

"감에 의존한 접근보다는 데이터에 의한 접근을 해야 한다!"

아마존에서 판매가 이루어지려면 크게 클릭 수와 구매 전환율만 생각하면 된다.

❶ 클릭 수(sessions)

온라인 판매한다면 클릭 수(조회 수)에 목숨을 걸어야 한다. 쉽게 이야기해서 같은 아이템으로 홍대거리와 같이 유동인구가 많은 곳에서 장사하는 것과, 서울을 벗어나 지방 변두리에서 장사하는 것 중 판매 수가 많을 것 같은 지역은 어디인가? 물론 예외는 있지만, 계속 이야기하는 확률로 접근해 보면 누가 봐도 당연히 유동 인구가 많은 곳에서 장사하는 게 훨씬 확률이 높을 것이다.

온라인 판매도 마찬가지이다. 클릭 수, 즉 오프라인으로 치면 유동 인구 수처럼 사람들이 내 제품을 많이 찾을 수 있는 위치에 내 제품을 배치해야 많은 손님들이 방문할 것이다.

❷ 구매 전환율(unit session percentage)

첫 번째에서 클릭 수(조회 수)가 높아졌다면 일단 1차로 성공한 것이다. 그리고 방문한 손님들이 내 제품을 구매한다면 결과적으로 최종 성공일 것이다. 손님들이 내 제품을 구매하려면 어떻게 해야 할까?

amazon.com

아마존 알고리즘 5가지 요소

아마존에서 판매할 때 수많은 사항을 고려해야 하는데, 그중에서도 아마존 알고리즘에 의해 가장 중요하다고 생각되는 몇 가지 요소들을 살펴보겠다.

잘 팔리는 아이템을 분석해라

내가 판매하려는 제품 카테고리에서 1위인 제품을 철저하게 분석해야 한다. 분석해야 할 포인트는 아마존에서 알려주지 않지만, 아마존 알고리즘에 반영되는 다음의 다섯 가지 요소라고 정리할 수 있다.

❶ 메인 타이틀 이미지 및 섬네일
❷ 메인 타이틀
❸ 가격
❹ 불렛포인트
❺ 리뷰

이 제품이 왜 잘 팔리는지 철저하게 분석해야 한다. 그리고 경쟁 제품과 내 제품이 경쟁했을 때 과연 내가 이길 수 있는 포인트가 무엇인지 충분히 고민한 후 소비자가 구매하게끔 셀링포인트를 상세 페이지에 표현해야 경쟁사 고객 중 단 1명이라도 내 제품을 선택하게 할 수 있다. 예를 들어, 앞에서 설명했던 비타민C 세럼을 분석해 보자.

▲ 페이셜세럼의 베스트셀러 TruSkin

이 제품은 이미 리뷰가 15,000개이기 때문에 여러분에게 판매하라고 분석하는 것은 아니다. 잘 팔리는 제품을 어떻게 분석해야 하는가를 예로 설명하기 위한 것이다.

이미지 분석

▲ 베스트셀러 TruSkin의 이미지 분석하기

두 제품은 똑같이 비타민C 세럼인데, 어느 이미지가 눈에 더 잘 들어오는가? 오른쪽 제품은 비타민C 세럼 제품 특성처럼 이미지만 보아도 피부에 좋을 것 같은 기분이 든다. 여기에 비타민C를 강조할 수 있는 이미지 콘텐츠를 생각해서 한 가지 더 포인트를 두면 좋을 것이다. 물론 아마존에서 정한 룰 안에서만 변경해야 한다는 것에 주의하고 아마존 이미지 가이드라인을 참조하기 바란다.

타이틀 분석

TruSkin Vitamin C Serum for Face, Topical Facial Serum with Hyaluronic Acid, Vitamin E, 1 fl oz

- 브랜드명 – Vitamin C Serum For Face (브랜드명 뒤에 오는 키워드가 핵심 키워드)
  – 제품 설명
- 용량

여러분은 상위 카테고리 제품의 메인 타이틀을 분석할 때 브랜드명의 바로 뒤에 나오는 키워드를 주목해야 한다. 이 부분만 잘 파악해도 50% 이상은 타이틀을 구성할 때 완성할 수 있다.

불렛포인트 분석

Advanced Antioxidant Serum

An indispensable nutrient for collagen production, vitamin C synergistically blends with Botanical Hyaluronic Acid and Vitamin E in this advanced formula designed to target the most common signs of aging including brightness, firmness, fine lines, wrinkles, dark spots & sun spots.

THE DIFFERENCE in skin treated with TruSkin Vitamin C Serum is striking. See thousands of reviews from real Amazon customers below rave about brighter, fresher looking skin, improved tone and clarity, smaller pores, less breakouts, fine lines and dark spots.

Plant Based Formulation

Free of synthetic color additives, fragrance, and stabilizers, dynamic active botanicals like Aloe Vera, MSM, Botanical Hyaluronic Acid, Witch Hazel and organic Jojoba oil combine in a silky smooth serum that can be used day or night. Leaping Bunny certified CRUELTY FREE. Formulated and bottled in the USA.

EXTENDED MANUFACTURER GUARANTEE

Love it or your money back! We understand it can take some experimentation to find just the right product for your unique skin care needs. If for any reason you decide this product isn't a good fit for your skin, we offer a 90-day money-back refund. No questions asked (in fact, you don't even have to return the bottle).

눈치챘겠지만 불렛포인트 중 가장 눈여겨봐야 할 포인트는 앞부분 단어이다. 여기서 뒤에 오는 단어는 부가 설명이다. 불렛포인트를 작성할 때 가장 신경 써야 할 부분은 키워드인데, 불렛포인트도 아마존 알고리즘에서 키워드에 반영된다는 점을 기억해야 한다. 다시 한번 강조하지만 불렛포인트도 키워드 중심으로 배치해야 한다.

리뷰 분석

> ### TruSkin Vitamin C Serum for Face, Topical Facial Serum with Hyaluronic Acid, Vitamin E, 1 fl oz
> by TruSkin Naturals
> ⭐⭐⭐⭐☆ ⌄   13,898 ratings | 1000+ answered questions
> **Amazon's Choice** for "vitamin+c+serum"

▲ 고객 리뷰가 13,898개인 베스트셀러 TruSkin

리뷰를 눌러 보면 다음의 그림처럼 리뷰 중 가장 많이 언급된 단어들을 모아서 정리해 주고 있다. 리뷰에 가장 많이 언급된 단어가 가장 중요한 키워드이다.

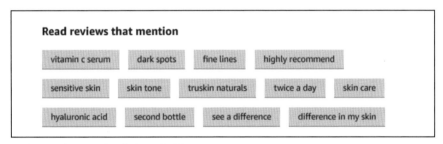

▲ 베스트 셀러 TruSkin의 고객 리뷰 분석 키워드

리뷰를 참조해서 키워드를 뽑아내는 것도 매우 중요하다.

Product Amazon Fit(PAF) 찾기

Product Amazon Fit - PAF 찾기

PMF(Product Market Fit)

PMF는 그로스 해킹에 나오는 단어로, 내가 제일 좋아하는 부분이다. 쉽게 말해서 '시장에 맞는 제품을 팔아라'이다.

우연치 않게 라이언 홀리데이(Ryan Holiday)가 집필한 〈그로스 해킹(Growth Hacking)〉이라는 책을 읽은 적이 있다. 슈피겐코리아에서 재직할 때의 에피소드를 소개하겠다. 2015년인지 정확히 기억나지는 않지만 그 당시에도 아마존을 열심히 하고 있을 때였다. 갑자기 대표님이 지나가시면서 그로스 해커에 대해 이야기하셨다. 그때 나는 '그로스 해커? 그게 뭐야?'라는 엄청난 호기심이 생겨서 바로 네이버로 검색해 보았는데, 내 눈에 들어온 책이 바로 〈그로스 해킹(Growth Hacking)〉이었다. 이 책은 나에게 많은 영감을 주었다. 특히 PMF라는 문구를 보았을 때 마치 아르키메데스가 '유레카'를 외친 것처럼 나도 무엇인가에 깨달음을 얻은 기분이었다. 그 당시

나는 아마존에서 유럽 판매를 담당하고 있었는데, 유럽 시장이 미국 시장과는 확연히 다른 시장이라는 것을 알고 있었고 한참 고전하고 있었을 때 이 책을 본 것이다.

이 책을 보고 내가 내린 결론은 유럽에 맞는 제품을 다시 개발해 보자는 것이었다. 그렇다! 시장에 맞는 제품을 파는 것이 중요하다. '내가 만든 제품이 잘 팔릴까?'라는 고민보다는 그 시장에 맞는 제품이 잘 팔린다는 생각을 가지고 접근하는 것이 중요하다.

PAF(Product Amazon Fit)

여러분이 접근해야 할 시장은 바로 아마존이다. 즉 제품을 아마존에 최적화된 상태로 맞춰서 판매하는 것이 중요하므로 아마존에 맞는 상품을 찾아야 한다. 그렇다면 아마존에 맞는 상품을 찾을 때 중요한 포인트는 다음과 같다.

가장 먼저 가격을 언급한 이유는 많은 제조업체 사장님들과 미팅해 보았을 때 가장 많이 들었던 이야기가 우리 제품은 '프리미엄'이니 비싸게 팔 거라는 말이었다. 물론 그 입장을 이해하지 못하는 것은 아니다. 중국 제품과 비교했을 때 한국 제품은 확실히 프리미엄 제품이다. 하지만 그렇다고 해서 요즘 중국 제품의 품질이 떨어지는 것은 절대 아니다. 물론 품질이 안 좋은 제품도 많지만, 아마존에서 현재 잘 팔리고 있는 중국 제품은 대부분 가성비(가격 대비 퀄리티)가 좋다.

그렇다고 무조건 중국 제품보다 저렴하게 판매해야 한다는 이야기가 아니라 아마존에서 '프리미엄'이라는 생각을 버리고 접근해야 한다는 것이다. 프리미엄 제품이라는 판단은 시장에서 결정된다. 한국에서 아무리 잘 팔려도 미국 시장에 처음 진입하면 아무도 우리 제품을 모른다는 가정하에 판매를 시작해야 한다. 정리하자면 아마존에 맞는 가격대를 찾아내어 가성비가 뛰어난 제품으로 접근하는 것이 PAF의 첫 걸음이다.

패키지 분석

이번에도 많은 한국 제조사 사장님들과 미팅했는데, 이분들은 한국 제품 패키지를 그대로 판매하려고 한다는 것을 느꼈다. 물론 처음 테스트 판매 때는 틀린 방법이 아니다. 하지만 최소한 필요한 정보는 꼭 영문으로 라벨링해서 패키지에 필수 정보로 기록해야 한다. 그리고 미국 아마존도 수출이라고 생각하고 접근해야 한다. 아무리 아마존이 온라인 판매여도 아마존도 미국 시장이다. 입장을 바꿔서 생각해 보면 쉽게 접근할 수 있을 것이다.

아마존에서 판매를 고려할 때 제품 패키지의 크기와 무게를 무시하지 못한다. 물론 사이즈가 큰 제품이 무조건 안 좋다는 것은 아니다. 기업이나 자금에 여유가 있다면 큰 사이즈 제품을 판매해도 상관없다. 하지만 이 책의 제목처럼 '퇴근 후 아마존'을 준비하다면 여유 자금이 많지 않을 것이다. 그렇다면 사이즈가 작고, 무겁지 않으며, 따로 인증이 필요 없는 제품을 먼저 시작해 보라고 권하고 싶다.

효율적인 키워드 광고

메인 타이틀 이미지

CTR을 이끌어내는 가장 중요한 요소는 메인 타이틀이다. 대부분의 사람들이 키워드를 검색해서 제품을 찾을 때 눈여겨 보는 요소 중 가장 중요한 세 가지 요소는 다음과 같다.

❶ 메인 타이틀 이미지

❷ 메인 타이틀

❸ 가격

그만큼 메인 타이틀은 제품의 얼굴이면서 소비자들의 클릭을 이끌어내는 중요한 요소이다. 그렇다면 이렇게 중요한 메인 타이틀을 어떻게 올릴 것인가? 정답은 없지만 이번에도 데이터에 의해서 생각해 보겠다. 아마존에서 메인 타이틀 이미지를 올릴 때 꼭 지켜야 하는 가이드라인이 있다.

일반 이미지 표준

각 상품 카테고리에 적용되는 모든 아마존 이미지 표준의 전체 목록은 해당 카테고리의 스타일 가이드에서 확인할 수 있다. 아마존에 업로드하는 이미지는 다음 요건을 준수해야 하므로 꼼꼼히 읽어보기 바란다. 그리고 중복 또는 충돌이 발생할 경우 각 카테고리의 가이드라인이 우선 적용된다는 점에 유의한다.

- 이미지는 상품을 정확히 나타내야 하며 판매할 상품만 보여주어야 한다.
- 해당 상품과 상품에 대한 모든 특징이 분명하게 표시되어야 한다.
- 기본 이미지의 배경은 순백색이어야 한다(아마존 검색 및 상품 상세 페이지와 조화를 이루는 순백색 – RGB 색상값 : 255, 255, 255).
- 기본 이미지는 실제 상품에 대한 전문적인 사진(그래픽, 삽화, 모형 또는 자리 표시자는 허용 안 됨)이어야 한다. 제공 상품에 포함되지 않은 액세서리, 고객에게 혼란을 줄 수 있는 지지대, 상품 일부로 포함되지 않은 텍스트 또는 로고/워터마크/삽화 이미지를 기본 이미지로 표시할 수 없다.
- 이미지는 상품 이름과 일치해야 한다.

- 이미지의 가장 긴 면이 1,600픽셀 이상이어야 한다. 이 최소 크기 요건을 준수해야 웹사이트에서 확대/축소 기능을 이용할 수 있다. 이것은 확대/축소 기능이 판매량을 높인 것으로 입증되었다.
- 이미지의 가장 긴 변이 10,000픽셀을 초과하지 않아야 한다.
- 아마존에서는 JPEG(.jpg), TIFF(.tif) 또는 GIF(.gif) 파일 형식을 허용하지만 JPEG를 선호한다.
- 애니메이션 .GIF는 아마존 서버에서 지원되지 않는다.
- 이미지에는 누드 또는 외설적인 내용이 포함되어 있어서는 안 된다.
- 신발의 기본 이미지는 45도 각도이고, 왼쪽을 향하는 신발 한 짝이어야 한다.
- 여성 및 남성 의류 기본 이미지는 모델이 착용한 상태로 촬영해야 한다.
- 모든 아동 및 유아 의류 이미지는 평면 위에 놓고 촬영해야 한다(모델 제외).

이러한 가이드라인을 지키면서 경쟁사보다 클릭 수를 높이려면 어떻게 해야 할까? 다음의 예시 이미지를 보면서 설명해 보겠다.

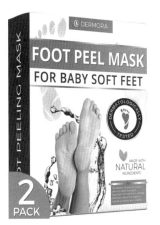

▲ Foot Masks 타이틀 이미지의 비교 분석

두 개의 사진을 비교해 보면 첫 번째는 아마존에서 'Foot Masks'라고 검색했을 때 가장 잘 팔리는 제품이고, 두 번째 사진은 'Foot Masks' 카테고리에서 100위인 제품이다.

여러분이 두 개의 제품을 동시에 본다면 과연 어떤 제품을 클릭해서 세부 정보를 알고 싶은가? 향후 이미지 콘텐츠를 어떻게 꾸며야 할지는 여러분의 선택에 달렸다. 콘텐츠는 정말 중요한 셀링 포인트이다. 이번에는 콘텐츠를 작성할 때 필요한 몇 가지 팁을 알려주겠다.

수치 정보

미국에서 무게는 파운드, 길이는 인치 등 한국과는 확실히 다른 수치 단위를 사용한다. 따라서 제품 정보에 cm 또는 kg으로 표기한다면 미국 소비자들이 불편하므로 반드시 현지에서 사용하는 수치 단위를 사용해야 한다.

콘텐츠를 구성할 때 고려해야 할 포인트

콘텐츠를 구성할 때는 다음과 같이 세 가지 포인트를 고려해야 한다.

- ❶ 메인 타이틀(흰색 배경)
- ❷ 7장의 섬네일 – 라이프컷, 수치 정보, 제품 정보
- ❸ 이미지는 최대한 현지에 맞는 톤앤매너로 작성

메인 타이틀

좋은 메인 타이틀은 과연 어떤 것인지 소비자 입장에서 생각해 보자. 대부분의 소비자들은 제품 타이틀을 읽을 때 정독하지 않고 빠르게 훑어본다. 그리고 나서 관심이 생기면 그때서야 자세히 제품 타이틀을 확인하고 클릭한다. 따라서 좋은 타이틀은

세션 수(조회 수)를 높인다. 제품 타이틀은 250자 안에서 최대한 CTR을 이끌어낼 수 있는 타이틀이 좋다.

키워드

제품의 조회 수를 높이려면 소비자의 선택을 받아야 한다. 그리고 구매 전환율을 높이려면 소비자들이 원하는 키워드에 정확히 노출되는 것이 정말 중요하다. 한국에서 흔히 '비타민C 앰플'이라고 부르는 제품을 예로 들어보겠다.

▲ 네이버 스마트스토어에서 비타민C 앰플을 검색한 결과

미국 시장에서 비타민C 앰플을 판매한다고 가정해 보자. 여러분은 과연 어떤 키워드를 선택하겠는가? 그리고 충분히 시장조사를 해 보았는가?

영어를 못 해도 가장 쉽게 시장 분석을 할 수 있는 방법을 소개하겠다. 일단 영어로 'Vitamin C Ample'이라고 검색한 후 첫 번째로 나오는 상품을 클릭해서 해당 카테고리로 들어가 보자.

- 〈 Any Department
  - ○ 〈 Beauty & Personal Care
    - ■ 〈 Skin Care
      - ■ 〈Face
        - ■ Treatments & Masks
          - ■ Acids & Peels
          - ■ Masks
          - ■ Microdermabrasion
          - ■ Pore Cleansing Strips
          - ■ Serums

'ample'을 검색해서 들어갔는데, serums 카테고리로 분류된 것을 확인할 수 있다. 아마 눈치가 빠르면 알아차렸을 것이다. 앰플은 키워드가 아니구나! 그렇다. 미국에 서는 'ample'이라는 키워드를 적으면 아무도 검색하지 않는다고 보면 된다. 이와 같 이 현지에서 사용하는 제품 키워드를 고심해서 작성해야 한다.

아마존에서 키워드 광고를 진행할 때 낮은 ACoS를 유지하면서 판매를 진행하는 것 이 핵심이다. 20~30% ACoS를 맞추기 위해서 위에서 언급하였던 이미지 타이틀 불 렛포인트 등 아마존에 최적화된 리스팅을 한 후 키워드 광고를 진행하여 20~30% ACoS를 유지할 수 있는 광고 캠페인을 만들어내는 것이 핵심이다.

※ ACoS : 광고 클릭일로부터 14일 이내 광고에 소요되는 매출의 비율. 이 값은 총 지출액을 매출로 나누어 계산 한다.

amazon.com

고객 반응을 체크해라

고객 리뷰에 목숨을 걸어라

제품 리뷰는 CTR과 구매 전환율, 이 두 가지 요소를 결정하는 중요한 포인트이다. 아마존을 하면서 가장 어려운 포인트 중 하나가 리뷰 관리이다. 그렇다면 좋은 리뷰는 어떻게 해야 받을 수 있을까? 정해진 답이 뻔하기 때문에 답변은 매번 같다.

"좋은 리뷰는 좋은 제품에서 나온다."

실제로 판매하고 있는 여러 가지 제품 중 좋은 제품에서 자연스럽게 좋은 리뷰가 빨리 달리는 것을 확인할 수 있다. 소비자에게 100% 만족할 만한 가격 대비 좋은 퀄리티 제품을 제공한다면 빠른 시일 안에 좋은 리뷰를 확보할 수 있을 것이다.

좋은 리뷰를 받는 것만큼 어려운 것이 바로 나쁜 리뷰를 어떻게 관리할 것인가이다. 제품을 판매하다 보면 일정한 비율로 1 star 또는 2 star 리뷰를 받게 된다. 제품 탓

이든, 아니든 모든 소비자를 100% 만족시킬 수는 없을 것이다. 그렇다면 확률적으로 나쁜 리뷰를 최대한 안 달리게 할 방법은 고객 관리에 있다. 이번에는 FBA를 활용한 고객 관리에 대해 자세히 살펴보겠다.

FBA 활용하기

구매 전환율을 높이면서 고객 관리까지 해 줄 수 있는 FBA(Fulfilment By Amazon)는 어떠한 서비스일까?

아마존 프라임은 연 119달러를 내고 아마존이 제공하는 다양한 서비스를 이용할 수 있는 아마존 고객 멤버십 제도이다. 즉 셀러들이 판매할 제품을 FBA 창고에 배송해 놓고 일정 수수료를 지불하면 아마존에서 2일 안에 소비자에게 배송해 주는 시스템이다. 약 5,000만 개가 넘는 프라임 상품에 대해서는 2일 안에 무료 배송을 받을 수 있다는 점이 가장 중요하고, 일정 기간 안에 반품이 무료라는 점이 매우 매력적이다. 그리고 아마존 프라임 제품이 아닐 경우에는 소비자들의 선택을 받기가 어려우므로 가능하면 FBA를 활용한 판매를 추천한다.

판매 가격

사실 구매할 때 가장 신경 써야 할 부분이 바로 가격이다. 네이버에서 구매할 때 지식 쇼핑에서 가격을 비교하는 것처럼 아마존도 알고리즘에 의해서 싸고 품질 좋은 제품을 먼저 추천하고 있다. 그렇다면 가격 정책은 어떻게 해야 할까?

처음부터 경쟁사보다 싸게 판매하면 좋다. 하지만 이 책을 보는 대부분의 구독자들이 개인 셀러라는 점을 감안하면 무조건 싸게 판매하라고 말할 수가 없다. 그렇다고 해서 무조건 경쟁사보다 비싸게 가격을 책정하면 더디게 판매될 것이다. 그렇다면 가격은 어떻게 책정해야 할까?

결론부터 말하자면 가격 경쟁을 피할 수 있는 제품을 선택하라고 조언하고 싶다. 즉 기존에 판매되고 있는 제품과 동일한 제품을 판매한다고 가정해 보면 여러분의 제품이 판매될 가능성은 거의 없다. 만약 동일 제품보다 내가 싸게 판매할 수 있다고 하는 판매자도 있을 것이다. 만약 기존 제품보다 월등하게 싸게 공급할 수 있다면 동일 제품을 판매해도 상관없다. 하지만 대부분의 개인 셀러들은 이러한 인프라가 없기 때문에 가능하면 기존 제품과 가격 경쟁을 피할 수 있는 제품으로 판매하는 것을 추천한다.

고객 중심의 사고로 생각해라

아마존에서 리뷰는 생각보다 정직한 편이다. 왜냐하면 리뷰를 달아도 아무런 혜택이 없기 때문이다. 그 결과, 소비자들은 안 좋은 제품에 대해서는 정확하게 리뷰로 표현하는 편이다. 이것이 셀러들에게는 가장 어려운 부분이다. 처음 판매를 시작했는데 1 star가 달렸다고 생각해 보자. 이것은 생각만 해도 아찔하다.

아마존에서 판매할 때 가장 어려운 부분이 리뷰 관리이다. 경험상 데이터로 설명하자면 하루에 100개 정도를 팔아야 한 개의 좋은 리뷰가 달렸다. 그만큼 좋은 리뷰가 달리는 것은 쉽지 않다. 이와 같이 아마존에서 좋은 리뷰를 확보하는 것은 어렵지만, 그럼에도 불구하고 리뷰는 중요하기 때문에 좋은 리뷰를 확보할 수 있는 전략에 대해 설명하겠다.

가성비 뛰어난 제품을 판매해라

아마존에서 좋은 리뷰를 빨리 얻는 방법에 대한 최상의 조언은, 고객이 좋아하고 자연스럽게 긍정적인 리뷰를 공유할 수 있는 훌륭한 제품을 제공하는 것이다. 뻔한 이야기 같지만 하루에 100개 이상 제품을 판매한 경험으로 비추어 봤을 때 리뷰가 자연스럽게 빨리 올라가는 제품은 특징이 있다. 즉 소비자가 진정으로 원했던 제품이거나, 소비자에게 정말 나이스한 경험을 선사했을 경우 등 소비자들이 만족할 만한 경험을 했을 경우에는 바로 리뷰에 반영된다.

감사 편지 동봉하기

제품만 생각해서는 안 된다. 소비자들에게 좋은 경험을 줄 수 있는 다른 방법도 있다. 다음은 실제로 리뷰에서 많이 발견할 수 있는 리뷰인데, 여러분에게 특별히 공개하겠다.

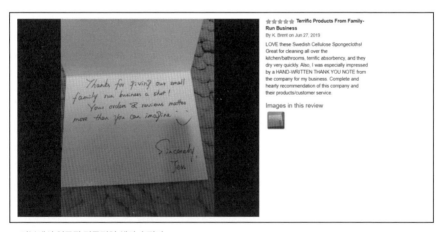

▲ 리뷰에서 언급된 감동적인 셀러 손편지

이 셀러는 주방 행주를 판매하지만, 고객들은 리뷰에서 감사 편지에 대해 많이 언급하는 것을 볼 수 있다. 직접 손으로 적은 글인데, 소비자는 이 글에 감동을 받았다고 리뷰에서 언급하고 있다. 여러분의 정성 어린 편지로 고객들에게 좋은 경험을 선사한다면 이것이 바로 리뷰로 돌아올 수도 있다는 점을 간과하면 안 된다. 하지만 고객에게 감사 편지를 작성할 때 주의해야 할 점도 있다.

- 5 star 또는 좋은 리뷰를 달아달라고 직접적으로 언급하면 안 된다.
- 리뷰에 대한 대가를 제공하면 안 된다. **예** 리뷰를 달 경우 기프트카드 제공 또는 현금 환급 등

고객 감사 카드는 단순히 고객에게 제품 구매에 대한 감사로 활용해야 한다. 이것을 단순히 리뷰를 쌓기 위한 악의적인 용도로 사용할 경우에는 판매 어카운트에 안 좋은 영향을 줄 수 있으므로 꼭 주의해야 한다.

고객에게 리뷰 요청하기

고객에게 직접 리뷰를 요청할 수 있는 코너가 새로 업데이트되면서 이전에 불편했던 점을 어느 정도 해소할 수 있게 되었다.

주문 관리 〉 오더 번호 〉 리뷰 요청

다음의 그림과 같이 리뷰를 요청할 수 있는 버튼이 있다.

< 뒤로

리뷰 요청

당사 시스템은 이미 무료로 검토를 수행하므로 검토를 요청하지 않아도 됩니다. 그러나 이 주문에 대한 검토를 요청하려면 이메일 또는 구매자-셀러 메시지를 통해 고객에게 요청하는 대신 이 기능을 사용하세요.

이 기능을 사용하면 당사는 고객에게 제품과 이 주문에 대한 셀러 검토를 요청하는 이메일을 보냅니다. 당사는 검토 요청을 자동으로 고객이 선호하는 언어로 번역합니다.

이 주문에 대한 검토를 요청하시겠습니까?

리뷰 요청

⚠ **현재 자격 없음**

이 기능을 사용하여 주문 배송 날짜 이후 5~30일 범위를 벗어난 검토를 요청할 수 없습니다.

▲ 리뷰 요청 시스템

이때 배송 날짜 이후 5~30일 범위를 벗어난 오더에 대해서는 리뷰 요청이 안 되므로 이 기간 안에 리뷰를 요청해야 한다. 실제로 리뷰 요청 기능을 사용했더니 기존 리뷰보다 3배 정도 리뷰가 빨리 달리는 것을 확인할 수 있었다.

얼리 리뷰어 프로그램

아마존에는 60달러만 제공하면 리뷰가 적은 제품의 초기 리뷰를 확보할 수 있게 도와주는 프로그램이 있다.

1. 얼리 리뷰어 프로그램이란?

얼리 리뷰어 프로그램(Early Reviewer Program)은 **리뷰가 적은 제품의 초기 리뷰를 확보**할 수 있도록 도와주는 프로그램입니다.

2. 왜 얼리 리뷰어 프로그램을 활용해야 할까요?

첫째, 첫 번째 리뷰를 받을 수 있습니다.
얼리 리뷰어 프로그램에 참여하면 등록된 아이템을 구입하는 고객에게 해당 상품에 대한 리뷰를 작성하는 대가로 아마존에서 작은 보상($3 기프트 카드)을 제공하여 셀러가 최대 5개의 리뷰를 받는 데 도움이 됩니다.

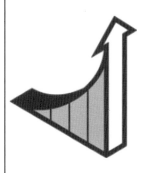

둘째, 리뷰를 받으면 판매량이 최대 3.5배까지 늘어날 수 있습니다.
리뷰는 검색 가능성, 검색 등급, 고객의 신뢰에 영향을 줍니다. 상품의 첫 번째 리뷰가 등록되면 판매량이 최대 3.5배까지 늘어나는것으로 나타났습니다.

셋째, 간편하게 프로그램을 시작할 수 있습니다.
이 프로그램을 통해 리뷰가 작성되기 전까지는 수수료가 청구되지 않으며, 등록은 SKU 선택사항군 전체에 적용됩니다. 아마존은 최대 1년이 경과하는 시점 또는 이 프로그램을 통해 5개의 리뷰가 작성되는 시점까지, 셀러가 등록한 상품에 대한 리뷰를 제공하는 고객에게 보상을 지급합니다.

▲ 출처 : 아마존 글로벌 셀러 판매(https://blog.naver.com/amazon-globalselling/221261984201)

얼리 리뷰어 프로그램을 사용할 때 얼리 리뷰를 통해서 무조건 5 star가 달리지는 않는다는 것을 꼭 기억해야 한다. 실제로 내가 신청했을 때 최저 2 star까지 받은 가슴 아픈 경험이 있다. 그래도 다행히 1 star는 아니었다.

얼리 리뷰를 신청할 때 전략을 잘 짜야 한다. 모든 제품에 얼리 리뷰를 사용하는 것은 비용이 부담스러울 뿐만 아니라 처음 받은 리뷰가 1 star 또는 2 star이면 타격이 있기 때문이다. 얼리 리뷰도 제품별로 뛰어난 가성비를 자랑하는 제품이면 신청해 볼 만하다.

네거티브 리뷰의 관리 방법
만약 제품과 관련해서 고객이 안 좋은 리뷰를 작성했다면 이에 대해 즉시 대응해야 한다.

코멘트를 작성해라
고객이 안 좋은 리뷰를 작성했으면 리뷰에 다음과 같은 코멘트를 작성할 수 있다.

"고객님께 불편을 드려 대단히 죄송합니다. 고객 서비스 만족을 위해 최선을 다하고 있으니 불편한 점이 있으시면 커스터머 서비스팀에게 연락하시거나 바이어 메시지를 통해 연락주세요."

이렇게 코멘트를 작성하면 바이어 메시지를 통해 고객에게 연락이 오는 경우가 많다. 일단 연락이 오면 1차적으로 성공한 것이므로 고객에게 어떠한 불편이 있는지 문의하고 커스터머 서비스(CS)를 진행하면 된다. 물론 나쁜 리뷰를 안 지워줄 가능성도 있지만 길게 보면 충성 고객이 될 수도 있으니 CS를 꼭 진행해야 한다.

리뷰 관리에는 왕도가 없다. 좋은 제품과 꾸준한 CS 관리야말로 좋은 리뷰를 유지하는 가장 훌륭한 길이다.

고객의 목소리에 귀를 기울여라

"소비자의 관점에서 바라보자."

내가 아마존 세일즈를 하면서 경험한 에피소드를 하나 이야기하겠다. 아마존에는 고객이 판매자에게 직접 메시지를 보내는 '바이어 메시지' 기능이 있다. 과거에 바이어 메시지를 살펴보던 중 제품을 잘못 구매한 고객이 정말 많다는 사실을 깨달은 적이 있다.

아이폰 6S+ 케이스라는 정보를 타이틀과 상세 설명에 적어놓았는데, 아이폰 6S 사용자가 계속 구매하는 것이었다. 그리고 제품을 받고 나서야 자신의 스마트폰과 맞지 않는다는 항의 메시지를 보내고 반품을 했다. 나는 이 문제에 대해 정말 심각하게 고민하던 중 상세 페이지 곳곳에 '아이폰 6S+ 케이스'라고 적어놓은 것을 발견하였다.

'도대체 왜 이런 실수를 하는 걸까?'

이러한 의문을 나 자신에게 수없이 많이 던졌다. 답답한 마음에 아마존 검색 창에 'iphone 6S case'라고 입력해 보았는데, 그제서야 이유를 알았다. 분명히 아이폰 6S 케이스를 검색했는데, 아이폰 6S+ 케이스까지 노출되었던 것이다. 소비자가 제품을 구매하기 전에 상세 정보는 꼭 볼 것이라고 생각했는데, 사실 그렇지 않은 소비자가 많았던 것이다. 그때부터 소비자에게 "이런 것까지 설명해야 할까?" 싶은 생각이 들 정도로 직관적이고 쉽게, 그리고 매우 상세하게 제품의 설명을 적기 시작하였다.

반드시 제품에 대해 아무것도 모르는 고객이 구매한다고 가정하고 접근하자. 실제로 아이폰 6S+ 케이스의 섬네일 이미지에도 '아이폰 6S+ 전용 케이스'라는 설명을 덧 붙였더니 반품률이 크게 줄었고 리뷰는 굉장히 좋아졌다.

아마존에서 잘 팔리는 제품을 찾는 것처럼 안정적인 제품을 공급해 줄 수 있는 공장을 찾는 일도 매우 중요하다. 물론 직접 제조하는 것도 좋은 방법이지만, 이 경우 많은 비용이 들기 때문에 기업을 제외하고는 이 방법을 추천하지 않는다.

이번 코로나19 사태 때문에 아마존에서 판매한 셀러들은 어려운 시기를 겪었고, 지금도 많은 어려움을 겪고 있을 것이다. 특히 코로나19로 인해 중국에서 제품을 소싱해서 판매하는 셀러들이 가장 큰 타격을 입었을 것이다. 실제로 나도 3월부터 5월까지 중국에서 소싱해서 판매하는 제품에 대해 재고 수급이 원활하지 않아 많은 어려움을 겪었다. 물론 이러한 변수는 매우 특이한 사항이다. 하지만 이번 코로나19 사태로 인해 아마존에서 판매하는 것도 중요하지만, 잘 팔리는 제품에 대해 안정적으로 공급받을 수 있는 공장을 찾는 것도 중요하다는 것을 배웠다.

모든 제품을 하나의 공장으로부터만 공급받는다면 아마존에서 판매하는 셀러들에게 매우 큰 위험 요소가 될 것이다. 그러므로 두세 곳의 공장을 찾아서 판매 비율별로 제품을 공급받는 것을 추천한다. 그래야 한 공장이 문을 닫거나 가격을 올려도 적절하게 대응할 수 있을 것이다. 좋은 공장을 찾았다면 독자분들은 이미 성공한 셀러이다. 향후 리스팅을 잘 유지 및 관리하면서 신제품을 지속적으로 출시한다면 원하는 목표를 이룰 수 있을 것이다.

디지털 브랜딩

– 윤일도 팀장

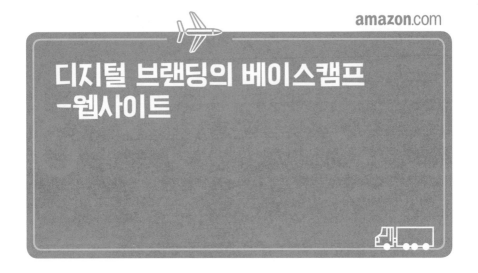

amazon.com

디지털 브랜딩의 베이스캠프
-웹사이트

이번 장에서는 디지털 브랜딩을 위한 기초 공사에 해당하는 내용을 다룰 것인데, 그 중 '베이스캠프' 격인 웹사이트를 중심으로 이야기해 보겠다.

브랜딩으로 아마존에 접근하는 경우라면 웹사이트는 필수이다. 아마존에 브랜드 레지스트리를 진행하거나 A+ 콘텐츠를 제작하기 위해 아마존에 콘택트할 때 아마존에서 웹사이트 제출을 요구한다. 여기까지는 웹사이트에 기본적인 상품과 연락처 정도만 기재되어 있어도 무관하다. 하지만 실제 판매가 발생하기까지의 고객 여정을 살펴보면 웹사이트는 어느 정도 품질이 보장되는 편이 유리하다.

'AIDA 모델' 프레임워크

아마존 브랜딩 사업에서 웹사이트의 필요성에 대해 설명하기 위해 'AIDA 모델' 프레임워크와 결합하여 이야기해 보겠다. AIDA 모델은 잠재 고객이 소비자로 변환되기 위해 거쳐야 하는 네 가지 단계를 설명한다. 이 네 가지 단계는 'Attention(인지)',

'Interest(관심)', 'Desire(욕망)', 'Action(행동)'으로, 각 단계의 영문 앞글자를 따서 'AIDA'라는 명칭으로 부른다.

만약 잠재 고객이 아마존에서 처음 보는 당신의 브랜드 상품을 발견하고 해당 상품 리스팅을 클릭했다고 생각해 보자. 특정 니즈가 있는 잠재 고객이 키워드를 검색하여 당신의 리스팅을 클릭했고, 당신이 이 고객의 니즈에 부합하는 아마존 리스팅 콘텐츠(제목, 사진, 상품 상세 등)를 보여주고 있다면 이 고객은 당신의 브랜드에 대해 궁금해지기 시작할 것이다. 고객은 본능적으로 처음 보는 당신의 브랜드나 상품명을 구글에서 검색할 것인데, 이 부분이 바로 AIDA 모델에서 '인지(attention)'가 달성된 시점이다. 이 시점부터 웹사이트의 필요성이 대두된다. 바로 '관심(interest)'을 생성하는 부분인데, 잠재 고객이 당신의 브랜드에 대해 쉽게 알 수 있도록 웹사이트에 '미션' 또는 '브랜드 철학'을 게재한다. 그리고 제품의 '이점'을 설명한 후 이러한 정보에 쉽게 접근할 수 있도록 UI를 배치하여 잠재 고객이 당신의 제품을 사용하게 될 때를 상상하게끔 만들어야 한다. 이러한 상상은 당연히 즐거운 상상이 되어야 한다.

구매 욕망 자극하기

앞에서 설명한 시점까지 왔으면 잠재 고객이 우리가 원하는 행동, 즉 '제품 구매'라는 행동을 취하도록 그들의 구매 '욕망(desire)'을 자극해야 한다. 그러기 위해서는 그들에게 콘텐츠를 계속 제공해야 한다. 이러한 '콘텐츠'의 정의는 매우 광범위하여 당신의 재정이나 자원의 여건에 따라 취할 수 있는 선택지가 많을 수도, 또는 거의 없을 수도 있다.

비용을 들이지 않고 웹사이트에서 아마존과 연계하여 실행할 수 있는 가장 효율성이 좋은 전술을 추천할 테니 이 전술을 반드시 실행하기를 바란다. 이 전술은 잠재 고객이 우리에게 이메일 주소를 제공하게 하는 'Newsletter Subscription' 기능을 웹사이트에 구현해 놓게 하는 것이다. 잠재 고객이 우리에게 이메일 주소를 제공하면 우리는 그 이메일 주소로 프로모션 이메일 등을 지속적으로 발송해 아마존이나 웹사이트에서 구매하게 만드는 전술이다. 이때 너무 자주 보내면 효율성이 떨어지므로 정기적으로 보내는 경우에는 주 1회 정도가 적당하다. 잠재 고객이 이 행동을 하게 유도하려면 아마존 할인 쿠폰 발급 등의 리워드를 제공하여 그들에게 충분한 효용성을 제공해야 한다. 이런 방식으로 잠재 고객이 당신의 브랜드와 상호작용을 많이 하게 되면 당신의 브랜드를 더욱 신뢰하게 되어 결국 당신의 제품을 구매할 가능성이 높아진다.

웹사이트 이메일 마케팅

웹사이트 이메일 마케팅은 디지털 마케팅에서 ROI(Return On Investment, 투자자본 수익률)가 가장 높은 매체로 입증되었는데, 메일 발송 시 발생 비용 1달러당 평균 44달러의 수익을 올린 것으로 조사되었다(https://www.campaignmonitor.com/company/annual-report/2016/). 페이스북 광고나 아마존 PPC 비용과 비교해 보면 이메일 마케팅을 사용하지 않을 이유가 전혀 없다. 문제는 아마존이 당신에게 고객의 이메일 주소를 제공하지 않는다는 것이다. 아마존은 판매자들이 아마존 고객들에게 이메일을 보내는 것을 엄격히 금지하기 때문에 웹사이트에서 고객의 이메일을 수취해야 한다.

이메일 마케팅은 고객이 제공한 이메일을 저장 및 관리하고 해당 이메일 주소로 프로모션 이메일을 발송할 수 있는 외부 서비스를 갖춰야 하는데, 보통 'Mailchimp' (https://mailchimp.com) 서비스를 많이 이용한다. 수집한 이메일 주소의 개수를 기준으로 2,000개까지의 이메일 주소는 무료이다. 그리고 직접 이메일 디자인을 하거나 미리 제작된 여러 종류의 이메일 디자인 템플릿을 무료로 이용할 수도 있다. 예를 들어, 쿠폰을 보내고 싶다면 쿠폰 그림과 내용이 준비된 템플릿을 선택하면 된다. 만약 당신이 WordPress로 웹사이트를 제작한다면 별도로 개발할 필요 없이 플러그인을 이용해 Mailchimp 서비스와 간편하게 연결할 수 있다.

다른 이메일 발송 서비스도 많은데 이 서비스를 추천하는 이유는, Mailchimp가 사용하는 메일 서버 IP 주소가 타 서비스에 비해 건강(healthy) 하기 때문이다. 일부 서비스들의 경우 메일을 발송하는 IP 주소가 이미 메일 발송에 수도 없이 많이 사용된 IP인 경우가 많은데, 이러한 IP를 통해 발송한 이메일은 최종 고객들이 사용하는 메일 서비스(예를 들어, Gmail 등)에서 스팸으로 처리될 확률이 매우 높다. 이러한 이유로 Mailchimp 사용을 추천한다.

이런 방식으로 잠재 고객의 구매 욕망을 자극하여 우리가 원하는 '행동(action)'을 취하게끔 유도해야 한다. 이 경우 웹사이트의 랜딩 페이지(이메일 등을 통해 고객이 접속하게 되는 웹사이트에서 특정 목적을 가진 페이지)나 제품 페이지에 아마존으로 잠재 고객을 보낼 수 있는 'Buy on Amazon'이라고 쓰여진 CTA 버튼(Call To Action 버튼, '구매하기' 기능의 버튼처럼 웹사이트에서 사용자에게 특정한 행동을 유발하기 위한 버튼)을 배치하여 이 행동을 유도할 수 있다. 다음은 Anker 웹사이트의 상품 페이지로, 아마존에서 구매하라는 행동을 유발시키기 위한 CTA 버튼이 보인다.

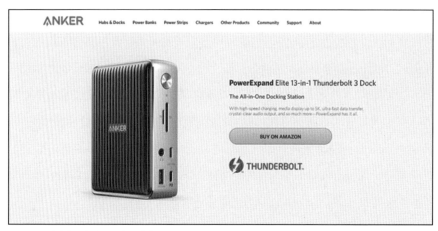

▲ Anker 웹사이트의 상품 소개 페이지에 아마존에서 구매 행동을 유발시키는 CTA 버튼이 보인다.

소비자나 중간 판매자가 당신의 웹사이트를 방문할 수 있는 다른 이유는 이것 말고도 더 있을 것이다. 판매되고 있는 제품에 대한 정보, 현재 진행 중인 프로모션 등의 이벤트 소식, 도·소매 구매를 위해 당신과 연락할 수 있는 방법 등을 알고 싶을 것이다. 그러므로 잠재 고객들이 당신의 웹사이트에서 이러한 정보를 쉽게 찾을 수 있도록 고려해야 한다.

빈도 수로 보면 당신이 판매하는 제품의 실물보다 웹사이트의 제품 정보를 먼저 접하는 경우가 훨씬 높다. 그러므로 브랜드 사업자로서 웹사이트를 만들지 않거나 품질에 신경을 쓰지 않는다면 생각보다 많은 수의 고객을 놓치게 될 것이다. 웹사이트는 당신이 판매하는 제품이 잠재 고객과 가장 큰 접점을 갖게 되는 부분 중 하나이기 때문에 콘텐츠뿐만 아니라 디자인에도 신경을 써야 하고 항상 정상적으로 기능하도록 관리하는 것이 매우 중요하다.

브랜딩을 위한 웹사이트 콘텐츠 기획 전략

이용자와 판매자 사이의 니즈 이해하기

웹사이트를 디자인할 때 가장 먼저 고려해야 할 점은 이용자와 우리 자신의 니즈 (needs)에 대해 이해하는 것이다. '이용자의 니즈'란, 타깃 방문자와 재방문자 등 우리의 웹사이트를 방문하는 사람의 니즈이다. 반면 '우리 자신의 니즈'는 비즈니스(사업체, 즉 회사)의 니즈이며, 곧 웹사이트의 니즈이기도 하다.

일반적으로 웹사이트를 디자인할 때 우리의 니즈는 확실하게 반영하는 편이지만, 이용자의 니즈는 반영하지 못하는 경우가 많다. 이용자의 요구를 이해하려면 먼저 그들이 누구인지를 정의해야 한다. 웹사이트를 이용할 사람들이 누구인지 '타깃 유저' 를 정의하는 것이 중요하다. 웹 에이전시나 웹 개발이 가능한 지인 등에게 웹사이트 제작을 의뢰하기 전에 '이용자와 우리의 니즈'를 확실하게 알고 전략을 세우는 것이 필수이다. 자, 그러면 전략을 어떻게 세우는지 예시를 보면서 하나씩 살펴보자.

웹사이트 개발 콘셉트의 개요

사이트명 & URL

    Steinder / thesteinder.com

주제 & 목적

    브랜드 오피셜 / 상품 소개 / B2B 영업

타깃 지역

    1 차 지역: CA/NY (US)
    2 차 지역: US 전역

주 타깃 고객 #1 (B2B)

- 리테일러

주 타깃 고객 #2 (B2C)

- 20-50 대 여성 (각질제거기)
- 운동을 즐겨하는 남/여성 (각질제거기)
- 20-80 대 남/여성 (손톱깎기)
- 류머티즘 환자 (손톱깎기)

(해당 시장 내) 취급 상품 가격대

    '중-고가' 포지션

Elevator pitch

    We deliver unsearchable things in order to provide value and satisfaction that is not found in the normal routine of life. Steinder, delivering pleasure that are unsearchable in our daily lives.

Steinder

▲ 웹사이트 개발 콘셉트의 개요

위의 문서는 'Steinder'라는 브랜드의 웹사이트를 구축하기 위한 전략 중 개요를 정리한 것이다. 주제 및 목적 부분을 살펴보면 '우리'의 목표를 요약하여 보여준다. Steinder의 경우 자체 브랜드 제품을 아마존 및 B2B 채널을 통해 판매하고 있다. '우리'의 목표는 아마존에서 구매하게 될 잠재 고객과 B2B 고객에게 Steinder 브랜드를 인지시키고 취급하는 상품 라인업을 그들에게 설명하는 것이다. 추가적으로 B2B 고객이 '우리'에게 콘택트하여 구매 문의를 하게 유도하는 행동도 포함된다.

타깃 고객

Steinder의 경우 B2C(아마존)/B2B 모두 미주 지역을 타깃으로 잡았고, 그중에서도 특히 동서부 양대 도시인 캘리포니아와 뉴욕이 1차 타깃 지역이다. 웹사이트를 통해 접점을 갖게 되는 B2B 고객은 미들맨보다는 상점을 가지고 있는 리테일러에 집중한다. B2C 고객(최종 고객)은 Steinder의 두 종의 대표 상품 라인업에 따라 서로 다른 타깃을 목표로 한다.

타깃 고객에 관하여 좀 더 깊게 살펴보자. 고객을 정의할 때는 성별, 인종, 연령, 교육, 결혼 여부, 소득, 거주 지역과 같은 인구학적 기본 통계 데이터(demographics)를 살펴볼 수 있다. 성별과 같은 경우 B2B 고객을 정의할 때 고려 사항이 아니고, B2C 고객을 정의할 때도 뷰티나 패션과 같은 성격의 아이템이 아니라면 더 이상 크게 신경 쓰지 않아도 된다. 그러나 Steinder의 경우 뷰티 범주 안에 있는 아이템을 취급하기 때문에 B2C 고객을 정의할 때는 성별 및 연령이 중요한 요소이다.

타깃 고객 (B2B)

Demographics

- 성별: 무관
- 인종: 무관
- 연령대: 24-59 (리테일러 관점에서의 접근성 강화)
- 직업: 리테일러
- 지역: 미국 대도시 (주로 NY 및 CA)

Psychographics

- **관심분야:** 아웃도어, Personal Care, 뷰티
- **성향:** 이익창출 가능한 상품 리서치

타깃 고객 (B2C)

Demographics

- 성별: 여성 및 남성 (주로 여성)
- 인종: 무관
- 교육수준: 무관
- 연령대: 19-59 (직관성 필요)
- 결혼유무: 무관
- 직업: 무관
- 지역: 미국 대도시 (주로 NY 및 CA)

Psychographics

- **가치관**: 무관 (진보/보수/중도)
- **종교**: 무관
- **관심사**: 아웃도어 활동, Personal Care, 뷰티

Steinder

▲ 타깃 고객의 정의

인구통계학이 기본적이며 객관적 사실을 정의하는 데 적절하다면, Psychograph-ics(수요 조사 목적으로 소비자의 행동 양식·가치관 등을 심리학적으로 분석하는 기술)는 개인적인 가치와 관심을 기반으로 사용자를 세분화하는 또 다른 방법이라고 할 수 있다. 이러한 정보를 바탕으로 페르소나(Persona)를 만들어 보면 웹사이트가 타깃으로 삼는 유저의 대표 프로필이 생성된다. 그리고 해당 프로필에 근거하여 웹사이트를 설계한다면 타깃 유저의 니즈에 한 걸음 더 가까이 가는 디자인이 나올 확률이 높다. 무작정 웹사이트를 만드는 것과 비교해 보면 훨씬 안전하고, 과학적이며, 구체적이다.

반면 클라이언트, 즉 우리의 니즈는 캐치하기 쉽다. 우리가 가진 니즈이기 때문에 이용자를 분석할 필요도 없고, 현재 우리가 겪고 있는 고통뿐만 아니라 해결하려는 문제, 얻고 싶은 혜택을 생각해 보면 곧바로 도출해 낼 수 있다.

클라이언트 니즈

Steinder 웹사이트는 아래와 같은 클라이언트의 니즈를 반영한다:

- 심플한 UI
- 리테일러(B2B)가 쉽게 inquiry 할 수 있는 기능
- eCommerce ready
- 영문 UI 컨텐츠
- Distribution Map (판매중인 국가)

Steinder

작업범위 요약

컨텐츠 요구사항

- Distribution Map (판매중인 국가)
- Footer 컨텐츠
- 제품 이미지
- 배너 작업 (Hero Banner)
- UI text (영문)

기능 요구사항

- 반응형 디자인
- 리테일러 inquiry 기능
- E-Commerce 기능
  - Amazon 페이지 연결
- 배너 (Hero banner)
- SSL 보안서버

Steinder

▲ 우리(클라이언트)의 니즈 및 요구 사항 확인하기

이제 마지막으로 콘텐츠 및 기능 요구 사항을 정의할 차례이다. Steinder의 경우 판매중인 국가를 보여주는 Distribution Map과 제품 소개 이미지 및 배너 작업 등이 콘텐츠 요구 사항이다. 기능적으로는 PC와 모바일 웹 환경에서 기기 화면의 크기에 맞춰 UI를 최적화하는 반응형 디자인뿐만 아니라 B2B를 위해 리테일러가 문의할 수 있는 양식 및 E-commerce 기능(아마존으로 연결) 등이 요구 사항이다.

지금까지 학습한 내용을 바탕으로 위의 구성을 따라하면 웹사이트를 준비하는 데 좀 더 선명하고 구체적인 디자인 전략을 세울 수 있을 것이다.

웹사이트 디자인하기

기초 디자인 스케치하기

웹사이트를 어떻게 만들 것인지 방향을 잡았으니 예시를 보면서 실제 웹사이트 제작의 예를 살펴보자. 다음은 'Glotikk'이라는 브랜드의 웹사이트 와이어프레임으로, 기초 디자인 스케치 정도로 이해하면 된다.

첫 번째 페이지 디자인하기

먼저 Glotikk.com은 영어권 국가의 도매업자 및 최종 고객에게 브랜드와 상품에 대해 소개할 목적을 가지고 원-페이지 형식으로 제작하는 방향으로 컨셉팅하였다. 그리고 브랜드 소개서를 짧고 간략하게 만들어 웹으로 옮겨 놓은 '웹 상품 소개서' 포맷으로 제작하려고 하였다. 원-페이지 스타일이기 때문에 콘텐츠 페이지는 랜딩 페이지 중 하나로, 기능은 최소화하여 디자인하였다. 그래서 Contact Us 등의 Inquiry Form도 넣지 않았고, 대신 연락처와 이메일을 표기하여 전화나 이메일로 연락할 수 있게 정보를 기재하였다.

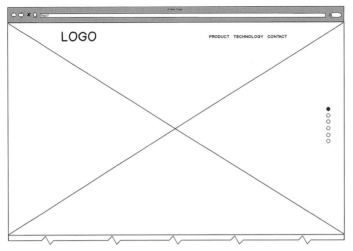

▲ 와이어프레임 – 메인 배너

첫 화면을 보면 오른쪽에 동그라미로 구성된 여섯 개의 Indicator Dot가 자리잡고
있다. 방문자에게 브랜드/상품 브로슈어를 볼 때와 같은 UX를 제공하기 위해 마우
스를 스크롤할 때 전체 콘텐츠 페이지 영역(슬라이드) 하나가 다음 콘텐츠 페이지 영
역으로 한 번에 넘어가게끔, 마치 상품 소개서 파워포인트 페이지를 넘기는 것과 같
은 고객 경험을 구현하였다. 오른쪽의 Indicator Dots는 페이지가 넘어갈 때마다
보고 있는 페이지의 위치에 따라 해당 페이지의 위치를 보여준다. 예를 들어, 첫 번째
페이지에서 두 번째 페이지로 넘어갈 경우 두 번째 동그라미의 색이 채워지는 방식
이다. 이 Dot을 마우스로 클릭해도 원하는 페이지로 곧바로 이동할 수 있다.

두 번째 페이지 디자인하기

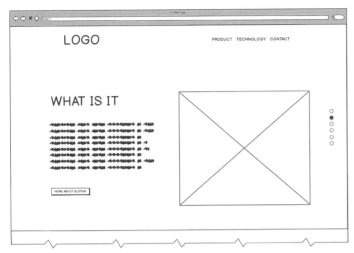

▲ 와이어프레임 - 페이지 이동 방식

마우스 휠을 아래로 스크롤했을 때 그림의 두 번째 콘텐츠 페이지로 줄 변경 없이 한 번에 이동한다. 그림에서 오른쪽의 Indicator Dot(현재 페이지가 어디인지를 표시해 주는 표시로, 화면 우측에 보이는 6개의 작은 동그라미)도 두 번째로 이동한 것을 볼 수 있다.

위쪽의 유틸리티 메뉴 디자인하기

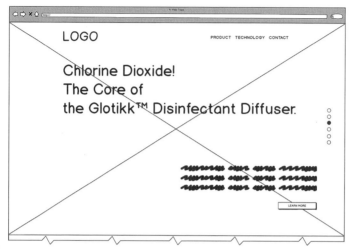

▲ 와이어프레임 – 상단의 GNB 영역 디자인

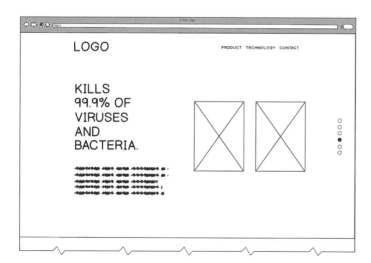

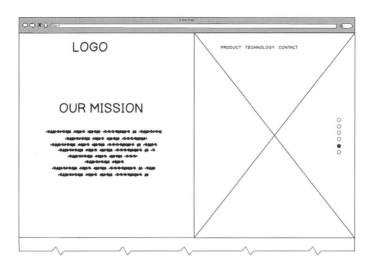

▲ 와이어프레임 – 추가 페이지

위쪽의 유틸리티 메뉴(GNB; Global Navigation Bar)는 세 개로 구성되어 있다.
각 메뉴를 클릭했을 때는 해당 메뉴의 이름과 부합하는 콘텐츠 영역으로 바로 이동
하는데, 이것을 '앵커링(anchoring)'이라고 한다. 예를 들어, 'TECHNOLOGY'를

클릭하면 아래의 그림과 같이 해당 페이지로 즉시 이동한다. Indicator Dots와 Logo, 그리고 위쪽의 유틸리티 메뉴는 페이지가 이동할 때 항상 따라다닌다.

웹사이트에 브랜드 철학 표현하기

Glotikk은 가정에서 쉽게 사용할 수 있는 소독 제품을 취급하는 브랜드이다. 일상에서 매일 접하는 공간, 그러나 시각적으로 밝고 정돈되어 보이는 이미지를 선택하여 첫 화면을 꾸몄다. 웹사이트(glotikk.com)에 들어가 보면 멈추어 있는 정적 이미지를 바탕으로 배경(창문 밖)에는 비가 내리고 있는 동영상이 재생되고 있다. 동영상을 뿌려주면 일반 이미지보다 두 번째 콘텐츠나 스크롤을 다운하여 페이지를 좀 더 살펴볼 확률이 높아진다. (동영상으로 인해 웹사이트 로딩 속도가 느려지지 않는다는 전제하에 동영상은 일반적으로 방문자의 이탈률을 낮추어 준다.)

추가적으로 마우스 커서의 움직임에 따라 공간이 소독되고 있는 느낌을 주는 기하학적인 패턴이 보여지게 제작하였다. 이러한 요소들은 단순히 미적인 목적이 아닌 '브랜드 철학'이 웹사이트에 녹아들게 디자인한 장치들이다.

▲ 실제 웹사이트 결과물 #1

하나의 콘텐츠 페이지에 상품의 작동 원리와 효과, 모양과 구성, 그리고 패키지까지 보여주기 위해 위의 그림과 같은 형태로 구성하였다. 특히 콘텐츠의 Tone & Manner가 상품 및 Brand Identity와 조화를 이루는 것이 매우 중요하다.

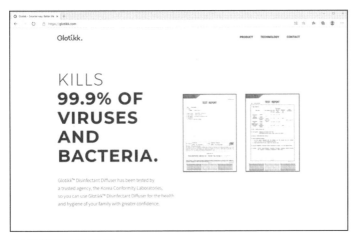

▲ 실제 웹사이트 결과물 #2

상품의 효용/효능을 보여주는 가장 좋은 자료는 데이터, 즉 '증거 자료'를 첨부하는 것이다. 이 증거 자료는 공인기관에서 실험한 성적서나 인증기관에서 발급한 인증서 등이 될 것이다. 해당 자료가 있다면 고민할 필요 없이 무조건 첨부할 것을 추천한다.

페이지의 하단부에는 브랜드 철학을 배치하였다. 이 부분에서는 흔히 'Elevator Pitch'라고 부르는 방식으로 브랜드에 대한 간략한 미션을 풀어내는 것이 좋다. 정말 짧게 정리하고 싶다면, 태그 라인(tag line)처럼 임팩트 있는 한 줄로 소개하는 방식도 고려할 수 있다.

재정 상황에 따라 웹사이트 개발을 외주 업체에 의뢰할 수도 있지만, 그렇지 못한 경우도 있을 것이다. 이번 장에서는 웹사이트를 직접 제작할 수 있는 저작 도구에 대해 설명하겠다. 여기서 소개할 솔루션은 코딩에 대한 기본 지식이 전혀 없어도 이용 가능한 솔루션부터 코딩을 이용해 원하는 형태로 구축 가능한 솔루션까지 대표적인 몇 가지 솔루션을 소개하겠다.

Wix

Wix(https://www.wix.com)는 가장 쉽게 웹사이트를 제작할 수 있는 도구이다. 웹이나 코딩에 대한 기본 지식이 없는 상태에서 '웹 구축'이라는 영역에 접근하는 데 가장 적합한 솔루션이다. 말 그대로 웹 개발 지식이 '하나도' 없어도 웹사이트를 만들 수 있다. 당연히 한계는 있겠지만 일반적인 용도의 웹사이트, 이를 테면 회사나 브랜드를 소개하는 간단한 웹사이트 정도라면 Wix를 이용하여 아주 손쉽고 빠르게 목적에 부합하는 웹사이트를 구축할 수 있다. 그러나 다시 한번 강조하지만 '한계'가 분명하다. 즉 전문적인 느낌의 웹사이트를 구축하기에는 무리가 있다는 말이다.

▲ Wix.com

Wix는 드래그 앤 드롭(drag & drop) 방식으로 웹 요소를 배치하여 제작할 수 있는 업계 최고 수준의 에디터를 통해 원하는 화면을 쉽게 구현할 수 있다. 그리고 500개가 넘는 디자인 템플릿을 무료로 제공하는데, 이러한 무료 서비스 때문에 국내 웹호스팅 업체의 수준이 초라해 보이기도 한다. 잠시 국내 동종 업계의 현실을 설명하자면, 적당히 쓸 만한 디자인 템플릿이 10만 원을 훌쩍 넘는다. (국내 업체들은 이러한 디자인 템플을 '스킨'이라고 표현한다.) 게다가 다국어 버전으로 웹사이트를 제작하려면 언어당 추가 구매를 해야 한다. 만약 한글과 영문, 이렇게 두 개의 언어로 웹사이트를 제작하려면 최소 20만 원이 넘는 금액이 소요되는 셈이다. 반면 글로벌화를 통해 규모의 경제를 실현한 Wix나 WordPress와 같은 해외 솔루션들은 무료이면서도 충분히 쓸 만한 디자인 템플릿이 많다. 게다가 약 25~55달러 정도이면 아름다운 디자인을 가진 프리미엄 템플릿도 구매할 수 있다.

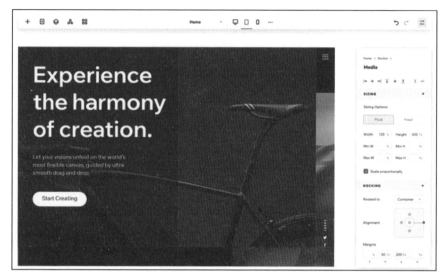

▲ Wix의 웹 디자인 도구인 'Editor X'

'App Market'이라는 추가 기능 생태계도 장점이다. 뒤에서 소개할 'WordPress' 진영의 Plug-in 생태계처럼 솔루션(CMS) 인터페이스에 기능을 추가할 수 있게 Add-on 형식으로 확장 기능을 제공하는 마켓 플레이스이다. WordPress는 기능 확장을 위해 플러그인을 잘못 추가하면 웹사이트 전체가 작동 불능 상태에 빠지는 경우가 많지만, Wix는 그냥 선택하기면 하면 끝이다. 운영자가 모든 컨트롤을 할 수 있는 WordPress와 다르게 Wix에서 플랫폼과 생태계를 관리하기 때문에 가능한 일이다.

Wix의 단점

Wix가 흔히 무료라고 알고 있지만 사실 무료가 아니다. 무료 플랜은 웹사이트에 Wix 광고가 지속적으로 노출되고, 도메인 연결도 불가능하다. 이러한 문제를 해결하기 위해서는 월 17~28달러 정도의 비용을 지불해야 한다. 또한 디자인 템플릿을 이용하여 제작한 경우 템플릿을 변경할 수 없다는 것도 큰 단점이다. 원하는 대로 기능을 구현하는 전문적인 커스터마이징을 원한다면 Wix를 포기하는 것이 정신 건강에 이롭다. 이 경우 WordPress가 적합한 선택이 될 수 있다.

위의 장점 부분에서 언급한 App Market 생태계가 미흡한 것도 단점으로 지적할 수 있다. Wix는 WordPress처럼 풍부한 기능이 준비되어 있지 못하다. 참고로 Word-Press는 집필 시점인 2020년 7월 현재 공식 웹사이트(Wordpress.org)에 등록된 플러그인이 57,000개가 넘는다. 게다가 등록되어 있지 않은 서드파티 프리미엄 플러그인까지 하면 그 수는 말 그대로 어마어마하다. 반면 Wix의 App Market은 집필 시점인 현재 350개 정도에 불과하다. 그러나 업계 최고 수준의 웹사이트 에디터와 비전문가에게 접근성을 높여준 것만으로도 이러한 단점이 모두 상쇄된다고 생각한다.

Weebly

Wix의 강력한 경쟁자는 바로 Weebly이다. 2020년 기준, 전 세계 CMS 기반 웹사이트 중 약 60%가 WordPress로 제작되었다. 웹사이트 저작 도구 시장에서 독보적 위치를 차지하고 있는 WordPress를 제외하면 2nd Tier로는 Shopify, Wix, Weebly가 가장 유명한 웹사이트 저작 도구들이다. (WordPress에 비하면 점유율이 미미하지만 말이다.)

Weebly는 Wix와 마찬가지로 코딩에 대한 기본 지식이 '전혀' 없어도 바로 웹사이트를 만들 수 있게 도와주는 솔루션이다. Wix와 거의 비슷한 접근 방식으로, 미리 제작된 디자인 템플릿 및 확장 기능을 추가할 수 있는 App Center가 있다. (Weebly에서는 WordPress와 마찬가지로 템플릿을 '테마'라고 부른다.)

에디터도 Wix와 같이 매우 직관적이다. 하지만 Wix 에디터는 자유도가 보장되지만 반응형에서 불리한 반면, Weebly는 그리드 형식 에디터이기 때문에 자동적으로 반응형으로 제작된다. 미리 디자인된 테마도 반응형 테마이지만, Wix보다 에디터 자유도가 떨어지는 편이다.

▲ Weebly의 에디터 화면

Weebly도 무료 플랜에서는 웹사이트의 아래쪽에 광고가 붙어다니고, 도메인 연결도 불가능하다. 매월 12달러(1년 단위 계약 기준) 정도의 금액을 납부하는 플랜부터 위의 두 가지 문제가 해결된다. 단 도메인의 경우 월 12달러짜리 유료 플랜을 이용해도 첫 해에만 도메인을 무료로 연결할 수 있고, 두 번째 해부터는 년 19.95달러를 추가 부담해야 한다.

Shopify

Shopify는 이름에서 알 수 있듯이 e-Commerce 제작에 특화된 웹 저작 솔루션으로, 현재 가장 뜨겁고 소위 잘 나가는 이커머스 CMS 솔루션이다. (최근 1년 간 NYSE 주가를 보면 시장의 인기와 기대를 실감할 수 있을 것이다!)

▲ 출처 : google.com

Shopify에 따르면, 2016년부터 2019년 기간 동안 Shopify 플랫폼을 통해 발생한 거래액이 3,190억 달러(약 384조 원)라고 한다(https://www.shopifyandyou.com/blogs/news/statistics-about-shopify). Shopify도 다양한 테마를 제공

하므로 미리 제작된 디자인을 바탕으로 손쉽게 웹사이트를 구성할 수 있는데, 여기에서는 서버 관리 등이 필요 없다. Shopify가 Wix나 Weebly와 다른 점은 이커머스에 특화된 솔루션이라는 점이고, 코딩으로 어느 정도 커스터마이징이 가능하다는 것이 장점이다. 그리고 Shopify를 사용하면 템플릿, 결제 모듈, 블로그, 이메일 마케팅 도구와 같은 온라인 상점을 구축하고 마케팅하는 데 필요한 핵심 요소가 기본적으로 제공된다.

생태계가 매우 잘 구축되어 있으므로 왠만한 이커머스 기능(예를 들어, PayPal 등의 결제 모듈 또는 USPS 등의 배송 모듈)이 이미 준비되어 있다. 그러므로 미국에 사업자가 준비되어 있는 상태에서 미국에서 아마존 외의 상점을 구축한다면 최고의 선택지가 될 수 있다. (아마존과 연동이 가능하므로 아마존 리스팅과 Shopify 리스팅을 공유할 수 있다.)

WordPress

2020년 7월 현재, 전 세계 웹사이트 중 37.8%가 WordPress로 제작된 것으로 조사되었다(https://w3techs.com/technologies/details/cm-WordPress). CMS로 특정하면 63.5%가 WordPress로 제작된 것이다. 이 수치가 말해주듯이 Word-Press는 웹 저작 세계의 De Facto(사실상의 표준)이다.

▲ Wordpress.org

다음의 도표에서 맨 위에 있는 녹색 선(None)은 CMS 솔루션을 사용하지 않은 웹사이트 제작 방식(하드코딩 방식)의 점유율 추이이고, 바로 아래쪽 붉은색 선은 WordPress로 제작한 웹사이트 점유율인데, None과 WordPress의 점유율이 거의 비슷해지는 것을 볼 수 있다. 이 자체만으로도 엄청난 수치이지만, WordPress 외 기타 CMS 솔루션의 점유율을 보면 WordPress의 위상이 얼마나 대단한지 한눈에 알 수 있을 것이다. (전체 웹사이트 제작 비중에서 기타 CMS는 1%도 되지 않는다.)

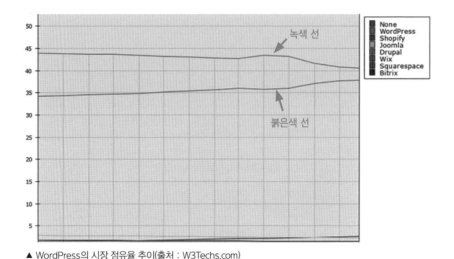

▲ WordPress의 시장 점유율 추이(출처 : W3Techs.com)

'목적'이라는 관점에서 위의 세 개의 웹 저작 솔루션과 WordPress 간의 대표적인 차이점을 하나 꼽자면, 바로 '완벽한 커스터마이징'을 들 수 있다. WordPress는 확장 플러그인과 코딩을 통해 원하는 목적대로 비주얼과 기능을 구현할 수 있는 솔루션이다. WordPress는 'Core'라는 WordPress의 기본 뼈대에 'Theme'라는 심미적인 부분을 구현하는 레이어와 'Plug-in'이라는 기능 구현을 위한 모듈로 구성되어 있다. 웹 CMS(Content Management System, 콘텐츠를 생성 및 수정, 관리하는 소프트웨어)이기 때문에 한 땀 한 땀 코딩을 통해 웹사이트를 만드는 방식이 아니라 기본적인 틀(인터페이스) 위에서 여러 가지 기능과 비주얼을 설정 및 추가하여 사용하는 방식이다. WordPress도 CMS이기 때문에 방문자의 눈에 보이는 Front-end 부분뿐만 아니라 콘텐츠를 관리할 수 있는(e-Commerce의 경우 상품/주문 관리 및 회원 관리 등) Back-end admin 솔루션이 기본적으로 제공된다. 다만 WordPress

의 출발점이 웹 문서(기사 등의) 저작으로 시작했기 때문에 e-Commerce와 같이 특정 목적이 분명한 서비스의 경우에는 Back-office가 불편하다고 느낄 수 있다.

WordPress는 두 가지 형태의 솔루션이 존재한다. 하나는 사용자가 서버 셋업부터 모든 부분을 관리할 수 있는 소프트웨어(https://Wordpress.org)이고, 다른 하나는 위의 세 가지 솔루션처럼 제한된 관리만 가능한 형태(https://WordPress.com)이다. 대부분의 경우 'WordPress로 웹사이트를 제작한다.'라고 하면, 전자(https://Wordpress.org)를 일컫는다. Wordpress.org는 누구나 사용할 수 있는 오픈 소스이고, 100% 무료이며, 도메인 이름과 웹 호스팅만 있으면 된다. 이것이 바로 '자체 호스팅 WordPress'라고도 말하는 이유이다. Wordpress.org에서 WordPress 소프트웨어를 다운로드한 후 직접 구축한 웹호스팅 서버에 설치하여 사용하는 방식이다. WordPress.com은 아마추어 블로그에 적합하기 때문에 여기서 논의하지는 않겠다. (즉 추천하지는 않는다는 뜻이다.)

Wordpress.org를 사용하면 웹사이트를 완전히 컨트롤할 수 있다. 원하는 모든 것을 자유롭게 만들고 원하는 대로 커스터마이징할 수 있다. 또한 웹사이트 및 모든 데이터를 완전히 혼자 소유할 수 있으며, 솔루션 제공사의 까다로운 약관에서도 자유롭다. 위의 세 가지 솔루션들은 솔루션 제공사의 서비스 정책이나 약관에 위배된다고 판정되었을 때 웹사이트를 정지시키거나 경고 창을 강제로 띄우는 등의 여러 제재를 가할 수 있다. 그러나 Wordpress.org로 웹사이트를 제작할 경우에는 이러한 일이 발생하지 않을 것이다. 다만 서버 소재지에서 행정법으로 금한 행위를 하게 될 경우에는 문제가 될 수 있다.

웹 트래픽을 원하는 대로 분석할 수 있다는 것도 Wordpress.org 사용 시의 이점이다. 이것도 모든 웹사이트를 컨트롤할 수 있기 때문에 가능한 일이다.

Wordpress.org를 사용할 때의 단점도 명확하다. 우선 웹 호스팅이 필요한데, 이것은 결국 비용이 발생한다는 말이다. WordPress 소프트웨어 자체는 무료이지만, 웹 서버 이용 비용이 발생한다. 사람들이 흔히 알고 있는 오해 중 하나가 바로 Word-Press는 저성능의 서버를 사용해도 된다는 것이다. 만일 매우 가벼운 테마와 별다른 기능이 없는 블로그 스타일의 웹사이트라면 맞는 말이지만, 다양한 기능을 추가할 경우에는 이야기가 달라진다. 예를 들어, 이커머스 기능이 탑재된 테마를 사용한다면 그 순간 매우 무거운 웹사이트가 되어버린다. 결국 서버 비용이 매월 최소 수만 원에서 수십만 원 단위로 발생하게 된다. 한 가지 중요한 단점을 더 이야기하자면 코어와 플러그인, 테마 등의 업데이트 등을 직접 해야 한다는 것이다. 여기에는 경우에 따라 서버 업데이트(운영체제 커널, 웹 서버, 데이터베이스 등)를 직접 해야 할 수도 있는데, 이것은 초보자가 하기에는 굉장히 부담스러운 부분이다.

트래픽 분석의 중요성

우리가 웹사이트와 트래픽 분석을 주의 깊게 살펴보아야 하는 이유는, 대부분의 비즈니스에서 웹사이트는 모든 디지털 트래픽의 허브 역할을 하기 때문이다. 검색 광고나 소셜 미디어 광고와 같은 다양한 디지털 마케팅을 수행하는 경우 잠재 고객들은 그들의 여정에서 독자의 웹사이트를 방문할 가능성이 높다.

여기서 이야기할 웹사이트, 정확히 말해서 랜딩 페이지(고객이 웹사이트를 방문할 때 처음 방문하는 페이지)는 독자가 수행할 각종 디지털 활동의 중심 허브 역할을 할 것이다. 따라서 여러분이 판매하는 제품/브랜드를 온라인으로 홍보하기 위해 운영 중인 모든 캠페인의 효과를 측정할 수 있는 가장 좋으면서 가장 확실한 장소가 될 것이다. 왜냐하면 비록 대부분, 또는 모든 매출이 아마존에서 발생해도 아마존 셀러 센트럴에서 볼 수 있는 로그 데이터는 매우 한정적이기 때문이다. 아마존 셀러 센트럴에서 측정 가능한 '유의미한 주요 지표'는 아마존에서의 방문 수, 전환 수, 그리고 전환 금액 정도가 전부이다. 이것은 놀랍지만 사실이다.

웹 트래픽 분석이란 무엇인가?

'트래픽 분석'이라는 말에 너무 압도될 필요는 없다. 트래픽 분석을 매우 쉽고 직관적으로 할 수 있게 해 주는 스마트한 도구가 있는데, 이것은 바로 구글 애널리틱스(Google Analytics)이다. 구글 애널리틱스는 웹사이트 트래픽을 분석할 수 있도록 구글에서 제공하는 무료 웹 트래픽 분석 도구이다.

어찌어찌해서 힘겹게 잠재 고객을 우리의 웹사이트로 모셔왔다고 가정해 보자. 기존 오프라인 영업장은 사람이 문 앞에서 일일이 수기로 방문자 수를 직접 카운트하지 않으면 셀 수 있는 방법이 없었다. 비록 최근 들어 CCTV를 활용한 다양한 기술이 나왔지만, 비용 등 여러 가지 여건상 도입하기 어려운 건 사실이다. 하지만 온라인 세계라면 이야기가 달라진다. 온라인 세계에서 고객은 그들이 사용하는 기기에 탑재된 웹 브라우저(Web Browser, 사용자가 웹을 검색하기 위해 사용하는 응용 프로그램)에 다양한 흔적을 남긴다. 온라인 상의 이러한 흔적을 분석하려면 웹 로그 데이터와 이를 측정할 수 있는 도구가 필요한데, 이 도구를 이용하여 웹 로그 데이터를 분석해 시장을 파악하고 고객을 이해할 수 있다. 궁극적으로 이것을 바탕으로 다양한 활동, 예를 들어 마케팅 캠페인 전략을 설정하고 ROI를 측정하는 행위와 최적화 등을 전개할 수 있게 된다.

여기서는 이 웹 로그 데이터를 분석할 수 있는 도구인 '구글 애널리틱스'가 무엇인지, 그리고 어떻게 사용하면 좋을지에 대한 인사이트를 배우는 것이 목적이다. 구글 애널리틱스 사용 방법에 대한 도서는 시중에서 판매하고 있으므로 자세한 사용 방법의 안내는 이 책에서 넘어가겠다.

독자의 웹사이트에 구글 애널리틱스를 사용하려면 웹사이트의 모든 페이지에서 구글 애널리틱스 자바스크립트 코드가 실행되도록 셋업해야 한다. (기술적으로 깊이 들어가면 이 책의 의도와는 멀어지므로 가볍게 설명하고 넘어갈 것이다.) 이 코드는 잠재 고객이 독자의 웹사이트를 방문할 때 사용자의 다양한 속성 값, 이를 테면 잠재 고객의 지역, 성별, 연령, 관심 분야 등을 쿠키를 통해 기록하고, 이 모든 정보를 구글 애널리틱스 서버에 저장해서 우리가 해당 데이터를 조회 및 분석할 수 있게 해 준다.

추가로 기술적인 이야기를 하나 더 소개하자면 구글 애널리틱스 코드(정확한 표현은 'snippet')보다 구글 태그 매니저(GTM; Google Tag Manager)를 연동하고 GTM 코드를 심는 것을 추천한다. 구글 태그 매니저를 이용하면 페이지 스크롤 트래킹(방문자가 특정 웹페이지의 어떤 부분까지 읽고 이탈했는지 측정하는 방법)이나 유튜브 동영상 시청 시간, 시청 종료 시간, 시청 완료 여부 등 구글 애널리틱스로는 측정하기 힘든 여러 가지 데이터를 다양한 방법으로 측정할 수 있게 된다. 다만 이것도 개발자의 도움이 필요한 영역이므로 자바스크립트에 대한 지식이 없으면 일반 구글 애널리틱스 코드를 사용해도 된다.

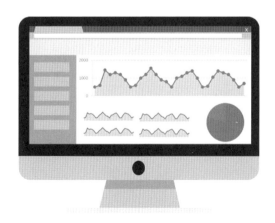

코드를 정상적으로 심고 로그가 제대로 수집되는지 테스트까지 완료하였다면 수집한 데이터를 기반으로 다음과 같은 분석을 시작할 수 있다. 코드를 심는 작업은 웹사이트를 제작할 때 에이전시나 개발사 견적에 포함시켜서 의뢰하면 된다. 먼저 잠재고객이 여러분의 웹사이트를 어떻게 발견하는지, 어떤 랜딩 페이지로 들어오는가, 이후 방문자가 어떤 페이지에서 이탈하고, 어떤 페이지를 주로 찾는지 확인할 수 있다. (GTM 태그를 이용해 더 깊게 추적하면 페이지에 있는 특정 콘텐츠의 engagement까지 추적할 수 있다.) 또한 집행 중인 프로모션 캠페인의 효율성을 분석하여 퍼포먼스가 상대적으로 뛰어난 광고 캠페인을 분리해서 집중할 수도 있고, 랜딩 페이지의 UI/UX를 최적화하기 위한 테스트를 할 수도 있다.

지금까지 열거한 내용은 구글 애널리틱스에서 분석할 수 있는 기능 중 극히 일부에 불과하다. 마음만 먹는다면 코호트 분석(특성과 행동 방식이 비슷한 소집단별로 묶어서 분석하는 방법론. '동질 집단 분석'이라고도 한다.) 등을 통해 더욱 세밀한 고객 분석도 가능하다. 이때 물론 통계에 대한 기초적인 지식이 있으면 더욱 좋다.

구글 애널리틱스로 분석하기

구글 애널리틱스가 무엇인지, 그리고 어떻게 작동하는지 가볍게 살펴보았으니 이제는 분석을 위한 구글 애널리틱스의 기초 지식을 배워보자. 위에서 구글 애널리틱스는 독자의 웹사이트에 'Snippet'이라는 짧은 자바스크립트 형식의 코드를 심고, 이용자가 웹사이트에 방문할 때 사용자의 다양한 속성을 기록하여 구글 애널리틱스 서버에 저장한다고 언급하였다. 구글 애널리틱스는 이렇게 저장된 데이터를 여러 가지 방법으로 종합하여 측정 기준을 제공한다.

여기서 '측정 기준(dimensions)'과 '측정 항목(metrics)'이 등장한다. 측정 기준은 말 그대로 데이터를 측정할 '기준'이고, 그 기준에 따라 실제 수집된 데이터가 '측정 항목'인 셈이다. 예를 들어, 웹사이트를 방문하는 총 사용자 수를 측정하는 행위 자체는 사업 분석에 큰 도움이 되지 않는다. 반면 연령이나 위치별로 얼마나 많은 사람들이 독자의 웹사이트를 방문하는지 아는 것은 핵심 잠재 고객이 누구인지 파악하는데 매우 유용할 것이다. 이를 테면 여러분의 웹사이트 방문자 중 서울에 거주하는 19~25세 사이 이용자가 35%라는 '사실'을 발견한다면 이것은 마케팅 캠페인 대상이될 사람에 대한 매우 유용하고 실행 가능한 정보이다. 이 예시에서 방문 수(sessions 또는 visits)는 '측정 항목(metrics)'이고, 지역(region) 및 연령(age)은 측정 항목을 분류하는 '측정 기준(dimensions)'이다.

▲ 측정 기준과 측정 항목

그렇다면 구글 애널리틱스는 어떤 종류의 데이터가 존재하며, 이 데이터를 통해 무엇을 할 수 있을까? 필자는 크게 세 가지 데이터 유형으로 나눈다. 즉 웹사이트 방문 전의 '사용자(audience)에 대한 데이터'와 '사용자 획득(acquisition)에 대한 데이터', 그리고 사용자가 웹사이트를 방문하는 동안 발생하는 데이터인 '사용자 행동(behavior)에 대한 데이터'이다. 이것은 공식적인 용어가 아니라 필자가 개념을 정의하기 위해 임의로 만든 용어이므로 용어 표현에 대해서는 크게 신경 쓰지 않도록 한다.

사용자(audience)에 대한 데이터

사용자(audience)에 대한 데이터는 사용자가 독자의 웹사이트를 방문하기 전에 웹에서 이미 수집된, 정확하게는 구글에 수집된 사용자 인구 통계학적(demograph-ics)인 데이터이다. 예를 들어, 연령, 성별, 관심 분야 등의 사용 환경과 기기 현황 등에 대한 데이터이다.

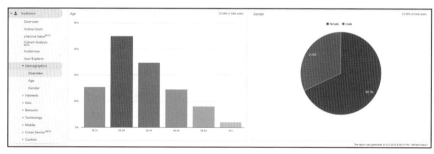

▲ 인구 통계학적 데이터

▲ 잠재 고객의 관심 분야(interests)에 관한 데이터

사용자 획득(acquisition)에 대한 데이터

사용자 획득(acquisition)에 대한 데이터는 사용자가 어떤 경로를 통해 독자의 웹사이트에 들어왔는지, 즉 사용자가 어떻게 독자의 웹사이트를 발견했는지 알려준다. 예를 들어, 웹 브라우저에서 직접 URL 주소를 입력하거나 북마크를 통해 들어왔을 수도 있고, 검색엔진에 특정 키워드를 입력한 후 검색 결과를 통해 유입되었을 수도 있으며, 검색광고를 통해 들어왔을 수도 있다.

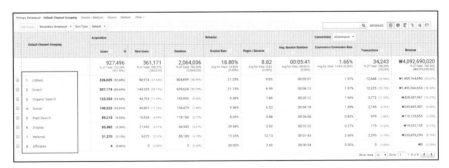

▲ 방문객의 유입 경로

네이버 검색엔진에 검색어를 넣고 유입된 경우를 살펴보자. 다음의 그림처럼 사용자가 네이버에서 검색한 키워드들(dimensions)과 해당 키워드의 지표(metrics)를 측정할 수 있다. 이를 통해 독자의 웹사이트가 어떤 검색엔진에서 어떠한 키워드들을 통해 들어오고, 특정 키워드는 어떤 퍼포먼스(예 : 구매액)를 보여주는지 알 수 있다.

Source / Medium	Keyword	Acquisition			Behavior			Conversions eCommerce ▼		
		Users	New Users	Sessions	Bounce Rate	Pages / Session	Avg. Session Duration	Ecommerce Conversion Rate	Transactions	Revenue
		107,398 % of Total: 11.59% (927,496)	35,791 % of Total: 9.94% (360,214)	169,408 % of Total: 8.21% (2,064,036)	8.65% Avg for View: 18.02% (-51.97%)	7.71 Avg for View: 8.82 (-12.56%)	00:04:54 Avg for View: 00:05:41 (-13.99%)	2.05% Avg for View: 1.66% (23.22%)	3,466 % of Total: 10.12% (34,243)	₩386,088,927 % of Total: 6.43% (₩4,992,690,020)
1. naver / organic		20,214 (18.85%)	3,712 (10.37%)	36,407 (21.49%)	8.97%	14.26	00:08:53	2.20%	800 (23.08%)	₩99,357,305 (25.73%)
2. naver / organic		6,563 (6.21%)	1,070 (2.99%)	11,942 (7.05%)	8.79%	14.30	00:08:50	2.22%	265 (7.65%)	₩30,898,592 (8.00%)
3. naver / organic		3,171 (2.92%)	864 (2.41%)	4,203 (2.48%)	23.44%	7.47	00:05:33	1.28%	54 (1.56%)	₩10,298,850 (2.67%)
4. naver / organic		2,277 (2.10%)	524 (1.46%)	3,469 (2.05%)	11.59%	13.90	00:08:34	2.13%	74 (2.14%)	₩10,846,530 (2.81%)
5. naver / organic		1,864 (1.48%)	513 (1.43%)	2,337 (1.38%)	18.79%	6.42	00:04:79	1.24%	29 (0.84%)	₩7,994,100 (2.07%)
6. naver / organic		1,006 (0.80%)	200 (0.56%)	1,321 (0.78%)	3.56%	5.37	00:03:05	3.33%	44 (1.27%)	₩1,504,150 (0.42%)
7. naver / organic	한거스	901 (0.72%)	863 (2.41%)	907 (0.54%)	93.38%	1.32	00:00:21	0.00%	0 (0.00%)	₩0 (0.00%)
8. naver / organic		765 (0.61%)	177 (0.49%)	902 (0.53%)	45.34%	3.90	00:02:22	0.55%	5 (0.14%)	₩396,200 (0.10%)
9. naver / organic		549 (0.44%)	87 (0.24%)	666 (0.39%)	2.40%	4.83	00:03:07	1.35%	9 (0.26%)	₩1,344,800 (0.35%)
10. naver / organic		537 (0.43%)	162 (0.45%)	681 (0.40%)	24.08%	6.91	00:04:28	0.59%	4 (0.12%)	₩1,078,640 (0.28%)

Show rows: 10 | Go to: 1 | 1 - 10 of 36183 ⟨ ⟩

▲ 네이버 검색을 통해 방문한 고객의 '검색 단어별' 퍼포먼스

또한 특정 경로에 대한 마케팅 효율을 측정하는 데 활용할 수도 있다. 10만 팔로워를 가진 'A'라는 인플루언서를 통해 '맛나커피'라는 제품을 홍보한다고 가정해 보자. 큰 비용을 지불하고 홍보하는 데 해당 인플루언서를 활용한 캠페인의 효율성을 알고 싶을 것이다. 이때 UTM('매개변수'라고도 부르며, 마케터들이 트래픽 소스나 특정 미디어별 마케팅 캠페인의 효율을 측정하기 위해 URL 주소에 붙여 사용하는 다섯 가지 변수를 말함) 태그를 이용해 URL을 생성해서 A 인플루언서에게 해당 URL을 전달하고, 이 URL을 A의 소셜 채널에 노출해 달라고 하면 끝난다. 사용자가 A 인플루언서를 통해 독자의 웹사이트에 들어오게 되었다면 사용자의 유입 소스가 A로 측정되는 것이다. 그러면 이 유입 소스를 dimension으로 잡고 측정하려는 데이터, 주로 engagement가 될 것인데, 이것을 metrics로 잡아 측정하면 A 인플루언서의 광고효율을 측정할 수 있게 된다. 이러한 데이터를 종합해서 독자가 공략하려고 하는 잠재 고객을 특정한 후 그들이 주로 이용하는 플랫폼을 통해 타깃 광고를 집행할 수 있

다. 온라인 광고의 특징인 '측정'이라는 장점에 '사용자 획득에 대한 데이터'를 더해 독자의 입맛에 맞는 잠재 고객을 타깃팅하고 효율성을 측정할 수 있게 된다.

사용자 행동(behavior)에 대한 데이터

사용자 행동(behavior)에 대한 데이터는 사용자와 독자의 웹사이트 간 상호작용 (engagement)에 대한 인사이트를 제공한다. 사용자가 인입한 페이지별 이탈률 (bounce rate), 체류 시간 등 일정 부분이 위에서 설명한 '획득'에 대한 데이터와 겹 쳐지기도 한다. 하지만 대부분의 경우 사용자의 인입 후 행동 흐름(behavior flow) 이나 페이지별 인입량, 특정 페이지나 콘텐츠별 인게이지먼트 측정 등 주로 웹사이 트와 사용자 간의 상호작용에 대한 데이터를 제공한다.

사용자가 웹사이트를 방문한 후 어떠한 검색을 하는지, 구매 과정 중 어떤 부분에서 포기하는지 등을 알 수 있다. 이 경우 이탈이 발생한 페이지에 UX 상의 문제가 있을 가능성이 있다. 이런 문제점을 개선하기 위한 A/B 테스트('대조군'과 '실험군'으로 나누어 특정 웹페이지나 콘텐츠, 또는 UX 등을 최적화하기 위한 실험 방법) 등을 진 행할 수 있다.

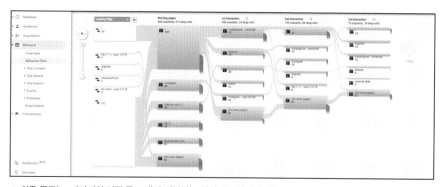

▲ 최종 목표(goal)까지의 여정 중 고객이 이탈하는 페이지는 어디일까?

전환(conversion) 데이터

지금까지 열거한 세 가지 데이터 유형에 하나 더 추가해야 할 것이 있는데, 바로 전환 (conversion) 데이터이다. 우리처럼 재화를 판매하는 사업자일 경우 실제 제품의 판매로 이어지는 것이 목표(goal)일 것이다. 내가 왜 'goal'이라는 단어를 선택했을 까? 구글 애널리틱스는 목표(goal)를 이용해 우리가 지정한 목표를 방문자가 얼마나 달성하고 있는지 측정(전환 추적, conversion tracking)할 수 있기 때문이다.

유통업자일 경우 일반적으로 방문자가 실제 구매를 일으키는 '판매 전환'이 대표적인 목표가 될 것이다. 웹사이트 자체에서 구매가 일어날 수 있는 환경이 준비되어 있다 면 고객이 결제를 완료하는 시점이 '목표 달성' 시점이 된다. 만약 아마존으로 고객을 보내는 것이 목표일 경우 'Buy on Amazon'이라고 적혀 있는 CTA 버튼(Call To Action 버튼, '구매하기' 기능의 버튼처럼 웹사이트에서 사용자에게 특정한 행동을 유발하기 위한 버튼)을 클릭하는 순간을 목표 달성 시점으로 설정하면 될 것이다. 또 한 회원 가입이나 뉴스레터 구독 등 위에서 언급한 고객 이메일 목록 구축 등도 목표 가 될 수 있다.

이번에는 앞에서 이야기한 '웹사이트 이메일 마케팅'을 이용해 아마존 리스팅 페이지 로 넘어간 고객을 추적해 보자. 방법은 다음과 같다. (여기서는 WordPress와 Woo-Commerce로 제작된 웹사이트를 기준으로 설명할 것이다.)

❶ 웹사이트에 이메일 구독을 할 수 있는 기능을 추가한다. 앞에서 잠시 언급한 Mailchimp (https://mailchimp.com) 서비스를 추천하므로 Mailchimp에 가입하고 이메일 목록을 만든다.

▲ mailchimp.com

❷ Mailchimp와 웹사이트를 연결한다. (지면상 기술적인 부분의 설명은 넘어갈 것이므로 자세한 내용은 Mailchimp 웹사이트를 방문하여 확인하기 바란다.) 웹사이트와 연결된 상태에서 웹사이트에 방문한 잠재 고객이 이메일을 구독하면 자동으로 Mailchimp의 이메일 목록에 구독자의 이메일 주소가 저장된다.

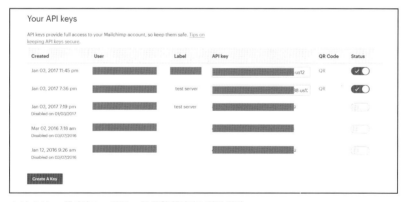

▲ Mailchimp 웹사이트 – API key를 통한 웹사이트 연결 화면

❸ Google Analytics를 Google Tag Manager(https://tagmanager.google.com)와 연결한다. Google Tag Manager(이하 GTM)의 'Event Tracking' 기능을 이용하여 아마존으로 넘어간 고객의 수를 추적할 것이다.

▲ Google Tag Manager 관리자 화면

❹ 방문자 중 누구라도 'Buy on Amazon' 버튼을 클릭하면 GTM은 해당 클릭(이벤트)을 Google Analytics에 기록한다. (WooCommerce에서는 single_add_to_cart_button을 이용하였다.) 먼저 GTM에 하나의 변수를 추가해야 한다. 'Click Classes'라는 데이터 영역 변수 유형인데, 왼쪽 패널에서 '변수'를 클릭하고 오른쪽 위의 '구성' 버튼을 클릭하면 GTM에서 기본적으로 제공하는 변수 리스트가 나온다. 여기서 '클릭수' 항목에 있는 'Click Classes'에 체크하여 선택한다.

▲ GTM 변수의 추가 화면

❺ 이제 트리거를 생성할 차례이다. 왼쪽 패널에서 '트리거'를 선택하고 '새로 만들기'를 클릭하여 새로운 트리거를 생성한 후 위쪽에 이름을 설정한다. 나는 'Button click Tracking − Buy now at Amazon'이라고 설정했는데, 보기 쉬운 이름으로 지정하면 된다. 이름을 설정했다면 트리거를 구성한다. 이 트리거는 방문자가 웹사이트에서 우리가 정의한 특정 행동을 했을 때 태그가 실행되는 역할을 한다. '트리거 구성' 옆의 연필 모양을 선택하고 트리거 유형 중에서 '클릭' 항목에 있는 '모든 요소'를 선택한다. 그리고 모든 클릭이 아닌 아마존으로 넘어가는 버튼을 클릭했을 때만 해당 트리거가 작동하게 설정해야 하므로 '일부 클릭'을 선택한다. 이제 'Buy on Amazon' 버튼을 클릭할 때마다 이 트리거가 실행되도록 해야 한다.

웹사이트에서 버튼을 실행할 때마다 특정 클래스가 실행되는데, WooCommerce의 경우에는 single_add_to_cart_button 클래스가 실행된다. 이렇게 설정하려면 이벤트가 발생할 때마다 특정 조건을 충족할 때 이 트리거가 실행되도록 해야 한다. 조금 전 우리가 추가한 변수인 'Click Classes'를 선택하고 single_add_to_cart_button을 포함하여 해당 클래스가 실행될 때 트리거가 발현되게 만들어 주는 것이다. 모두 지정했으면 '저장' 버튼을 클릭하여 트리거 생성을 완료한다.

▲ GTM 트리거의 구성 화면

❻ 태그를 생성할 차례이다. 이 태그를 통해 'Buy on Amazon' 버튼의 클릭을 구글 애널리틱스에서 추적할 수 있게 된다. 왼쪽 패널에서 '태그를 선택하고 '새로 만들기'를 클릭하여 새로운 태그를 생성한 후 트리거를 구성할 때처럼 위쪽에 이름을 설정한다.

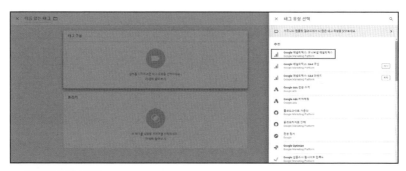

▲ GTM 태그 생성 화면

'태그 구성을 클릭해 '상세 설정으로 들어간 후 '추적 유형'을 '이벤트'로 설정한다. 그리고 나머지 항목은 다음의 그림과 같이 설정한 후 '저장' 버튼을 클릭하여 태그 생성을 완료한다.

▲ GTM 태그의 구성 확인하기

❼ 이제 트리거를 만들고 이러한 변경 사항을 실행하도록 태그를 구성했으므로 오른쪽 위에 있는 '제출' 버튼을 클릭한다. 그러면 지금 만든 태그의 버전 이름과 설명을 기재할 수 있으므로 Buy on Amazon 클릭 추적 등 어떤 내용인지 간략하게 적는다. 설명을 적은 후 오른쪽 위에 있는 '게시' 버튼을 클릭하면 웹사이트에 해당 태그가 적용되면서 추적 기능이 작동하기 시작한다.

▲ GTM 태그 제출하기

▲ GTM 태그 게시하기

⑧ Mailchimp 서비스에서 구독자에게 프로모션 메일을 발송한다. 여기에는 구글 애널리틱스에서 구분할 수 있는 값을 넣을 수 있는데, 'Google Analytics link tracking'에 체크하고 'Title for campaign'에 구분값을 적으면 된다. 이 구분값으로 구글 애널리틱스에서 해당 이메일을 추적할 수 있다. 또한 이메일 콘텐츠를 디자인할 때 '랜딩 페이지'를 넣어야 하는데, 제품 페이지 URL을 넣으면 된다. 다시 한번 말하지만 이 경우에는 'Buy on Amazon' 등의 CTA 버튼이 있어야 한다. 그리고 우리는 이 구매 버튼을 클릭한 고객을 측정할 것이다.

⑨ 고객이 이메일을 여는 순간부터 데이터 추적이 가능하다. 1차적으로 Mailchimp 이메일 목록에서 Dashboard 형식으로 제공하는 데이터가 있는데, 여기서는 메일 도달률과 Bounce 율, 오픈율 등을 확인할 수 있다. 2차적으로는 구글 애널리틱스에서 분석할 수 있는 데이터가 있다. ③~⑧까지의 단계를 통해 구글 애널리틱스에 이메일을 보고 방문하는 고객의 데이터가 수집되게 셋업하였다. 구글 애널리틱스의 왼쪽 패널에서 'Acquisition'–'All Traffic'–'Source/Medium'을 클릭하면 다음의 그림(유입 분석 1)과 같이 웹사이트 방문자가 어떤 유입 경로를 통해 들어왔는지 확인할 수 있다.

'Source/Medium' 목록을 잘 살펴보면 ❶에서 만든 Mailchimp의 이메일 목록과 같은 이름을 발견할 수 있는데, 이 항목이 바로 우리가 추적하려는 이메일을 열어보고 방문한 사람이다. 눈썰미가 있는 독자라면 알아차렸을 것인데, 바로 위의 naver/cpc(이것은 네이버 키워드 CPC 광고이다.)보다 Engagement가 월등히 좋다는 것을 알 수 있다. (예시의 웹사이트는 아이템 특성 상 이탈률이 높고 구매 전환은 낮은 편이다.)

▲ Mailchimp를 통해 발송한 메일의 효율성을 Google Analytics에서 측정할 수 있다.(유입 분석 1)

⑩ 이번에는 이메일 캠페인을 통해 방문한 사람이 얼마나 자주 'Buy on Amazon' 버튼을 클릭했는지, 즉 아마존 상품 리스팅으로 얼마나 이동했는지 확인하는 방법을 알아보자. 구글 애널리틱스의 왼쪽 패널에서 'Behavior'–'Events'–'Top Events'를 클릭하면 다음의 그림(유입 분석 2)과 같이 우리가 GTM에서 셋업한 태그(이벤트)의 이름이 보일 것이다.

이제 'Secondary Dimension'을 클릭하여 드롭다운 메뉴가 나오면 'Campaign'이라고 입력하고 해당 결과값을 선택한다. 여기서 선택한 Campaign은 ⑧에서 Mailchimp 메일을 보낼 때 'Google Analytics link tracking'을 셋업한 결과가 구글 애널리틱스에 'Campaign Dimension'으로 잡힌다. 'Campaign' 열(column)을 살펴보면 'Mailchimp'에서 이메일을 발송할 때 넣은 'Title for campaign' 구분값을 볼 수 있다. 해당 이메일을 통해 몇 명이 아마존으로 이동했는지 확인하려면, 'Unique Events' 열을 확인하면 된다. 'Unique Events'는 방문자한 명의 방문(session)을 기준으로 측정하며, 'Total Events'는 총 클릭 수를 나타내므로 '몇 명이 방문했는가'를 측정하기에 적합한 항목은 'Unique Events'이다.

▲ 이메일을 본 고객이 아마존 상품 리스팅으로 얼마나 연결되었는지 측정할 수 있다.(유입 분석 2)

지금까지 언급한 분석 방법은 여러분의 웹사이트와 구글 애널리틱스에서 할 수 있는 수많은 분석 중 극히 일부분이다. 이와 같이 다양한 분석을 할 수 있는 강력한 무기를 그것도 무료로! 손에 넣었다. 그러므로 더 이상 감에 의존하지 않고 실제 고객에게서 얻어지는 데이터를 기반으로 전략을 짤 수 있을 것이다.

INTERVIEW

쇼핑몰을 하려는 사업자나 투잡을 꿈꾸는 모든 분들에게나, 국내 쇼핑몰을 넘어 세계로 진출하여 큰 꿈을 꾸려는 분들에게 '아마존'이라는 큰 화두는 희망이자 어려운 난관입니다. 그래서, 우리는 아마존에서 큰 성공을 거둔 성공담과 경험을 여러 독자분들과 공유하고자 최우석, 김대원, 윤일도 세 분의 저자와 함께 저자 인터뷰를 진행하였고, 이중 몇 가지 내용을 추려보았습니다.

1. 인사말 겸 이 책을 쓴 동기는 무엇인가요?

최우석

지금 이 질문에 답을 쓰는 시간이 새벽 4시입니다. 사업 초반이긴 하지만, 사업 시작 후 줄곧 새벽에 몇 번씩, 아니 계속 잠을 자지 못하고 두세 시간마다 한 번씩 깹니다. 원래 저는 자리에 누우면 바로 잠들었다가 아침 7~8시 정도에 일어나는 꿀잠 자는 스타일인데, 참으로 이상한 일들이 많이 일어나고 있습니다. 가장 이상한 것은 이렇게 꿀잠을 못 자도 별로 피곤하지 않다는 것입니다. 비즈니스를 한다는 것, 특히 '아마존'으로 비즈니스를 할 때 어려운 점은, 미국 시장이나 유럽 시장에서 실시간 일어나는 일들에 대해 우리가 잠을 자기 때문에 제대로 대응하지 못하는 시간에 사건과 판매가 일어난다는 사실입니다. 물론 일반적으로 문제가 일어나거나 사사건건 대응이 필요하지는 않습니다. 다만 스타트업으로 아마존 사업에 운명을 걸고 나아가는 상태에서 잠이 잘 오지 않는 것은 저만의 문제는 아니라고 생각합니다.

'슈피겐'이라는 회사에서 아주 많은 경험과 귀한 것들을 많이 얻었습니다. 그중 사업적 경험에서 아마존 사업의 진출과 대응, 그리고 직접적으로 아마존 유럽 세팅의 경험이 나의 인생에서 정말 큰 자산이 되었습니다. 저는 페이보넥스를 이렇게 소개합니다. 우리나라 스타트업에서 아마존을 제일 잘하는 회사? 글쎄요~. 그러나 한 가지 확실한 것은 아마존 사업 관련해서 우리나라의 스타트업에서 저보다 많은 경험과 테스트와 실험적 사업을 해 본 사람은 많지 않을 뿐만 아니라 거의 없을 것이라고요. 이것은 맞는 말인 것 같습니다. 대부분의 아마존 경험자들은 소상공인으로 개인사업을 영위하거나 중소기업이나 중견 대기업에 속하여 업무를 영위하고 있습니다. 그러나 왠만해서는 어느 누구도 본인의 입장에서 아마존 노하우를 공개하려고 하지 않습니다. 또한 조금 하다 보면 특별한 아마존 노하우가 없어 보이기도 합니다. 그러나 아마존 사업과 글로벌 사업에 진출하기 전에 꼭 해야 할 일들을 이 책을 통해서 많은 분들이 충분히 이해하고 굵직한 전략을 파악했으면 하는 바람이 있습니다. 그래서 이 책을 집필하게 되었습니다.

저는 책을 많이 읽지도 않고, 취미로라도 글을 쓰는 사람은 더욱 아닙니다. 게다가 아카데믹한 지식을 많이 쌓은 전문인도 아니지만. 인생공부와 사업 경험을 어느 정도 쌓은 '경험인'이라고 생각합니다. 슈피겐을 퇴사한 후 관련자 분들을 만나서 사업을 이야기하다 보면 오랫동안 사업을 하시고도, 그리고 대기업을 다니는 중견임원의 경우에도 실력과 수준의 디테일이 많이 부족한 분들이 많습니다. 이러한 분들은 대부분 필드의 전략과 경험의 부족이라고 생각합니다. 그러나 아마존은 그 어느 분야보다도 해당 국가의 고객들을 상대하고, 고객의 니즈를 정확하게 파악해야 하며, 확실한 전략과 노출 계획을 세워야 합니다. 그래서 아마존 사업은 디테일하고, 경험적이어야 하며, 의지로만 되는 사업군이 아니라고 생각합니다. 이러한 의미에서 너무 많이 부족하지만 이 책을 쓸 용기를 내었고, 이렇게 책을 마감하게 되었습니다. 이렇게 시작된 노하우 공유의 길이 한국 제조사와 유통업자들에게 아주 작은 메시지만이라도 소중하게 전달되었으면 합니다.

김대원

안녕하세요? 언더독 아마존 비즈니스 팀장 김대원입니다. 저는 슈피겐코리아 아마존 다이렉트 세일즈팀 8년 경력을 가지고 아마존 모바일 액세서리 베스트셀러, 아마존 톱 셀러의 성공신화를 발표한 경험이 있습니다. 현재 신규 법인 언더독은 미국 아마존 유통 판매에 대한 노하우를 가지고 국내에서 퀄리티가 좋은 제품을 미국 아마존을 통해 수출 판로를 개척할 목적을 가지고 설립된 아마존에 특화된 전문 조직입니다. 해외에서 통할 상품임에도 복잡한 절차로 수출을 어려워하는 제조업체의 수출 판로를 열어드리려고 현재 국내 제품 위주로 아마존 판매를 진행하고 있습니다. 제가 아마존 비즈니스를 처음 시작할 때 느낀 어려움을 비슷하게 겪고 있을 셀러들을 위해 이 책을 출판하게 되었습니다. 저의 이야기가 독자 여러분에게 작은 도움이 되기를 바랍니다.

윤일도

이커머스 창업은 지속적으로 성장세가 높은 분야이고, 해외 마켓 플레이스에서의 창업은 최근 급격히 버즈(buzz)가 많은 분야인데, 그중에서 아마존이 가장 뜨거운 플랫폼인 것 같습니다. 최우석 대표님과 김대원 팀장님을 비롯한 우리 셋은 국내에서 아마존을 가장 효과적으로 활용한다고 알려진 회사 출신입니다. 마침 공교롭게도 세 명 모두 같은 해에 몇 달 간격으로 퇴사를 하고 보니 출판사들로부터 아마존 창업 관련 집필 제의가 들어오기 시작했습니다. 그래서 우리의 경험을 각각 하나씩 주제를 잡아 집필하기로 했습니다.

최우석 대표님과 김대원 팀장님은 현장에서 아마존과 처절한 사투를 벌여오신 분들입니다. 그에 비해 슈피겐 재직 당시 저는 아마존 운영에서 한 발짝 떨어져 아마존과 관련된 자사 서비스를 기획 및 개발, 운영을 했습니다. 인스타그램, 유튜브 등과 같은 글로벌 소셜 플랫폼으로 인해 '나'의 고객과 '경쟁사'의 고객 간 벽이 매우 얇아졌습니다. 기업 입장에서는 총알은 한정되어 있는데, 타깃은 계속 많아지고 있는 상황이 점점 심화되고 있었습니다. 이러한 상황에서 가장 귀한 자원은 '나의 상품이나 서비스를 구매할 가능성이 높은 잠재 고객'인데, 이 귀한 자원을 가장 효율적으로 취득하기 위한 서비스를 만드는 것이 슈피겐에서의 제 업무였습니다.

저는 아마존 경험 이전과 경험 이후 지속적으로 웹서비스를 기획 및 운영해 오고 있는데, 이러한 서비스를 만들 때마다 공통적으로 만나는 것이 바로 '디지털 브랜딩' 영역입니다. 이 책의 목적은 디지털 브랜딩의 A to Z를 알려주는 것이 아닙니다. 아마존 비즈니스를 하는 데 필요한 디지털 브랜딩이 무엇인지 가볍게 설명하고, 독자들은 이를 통해 최소한의 '감'만 잡아도 이 책의 목적은 달성했다고 봅니다. 이 책에서 처음 보는 단어가 나와도 전혀 겁낼 필요 없이 가벼운 마음으로 예시와 함께 읽다 보면 금방 이해가 될 것입니다. 3장 '디지털 브랜딩'을 읽고 나면 독자 여러분에게 필요한 '다음' 공부가 무엇인지 스스로 알게 될 것이라고 생각합니다.

2. 아마존 사업에 관심 있거나 준비하는 분들을 위해 '퇴근 후 아마존'을 간단히 소개해 주세요.

최우석

"아마존 사업이란 무엇인가?"는 참 막연한 질문입니다. 만약 독자들이 시간이 없어서 이 부분만 읽으신다면 저는 아마존 사업은 해외사업/해외영업의 모든 노하우가 녹아든 총 집합적 사업군이라고 생각합니다. 최근에 저의 조직에서 근무하던 직원이 초대기업 IT회사에 면접을 보고 입사했습니다. 그곳에는 정말로 우리나라 유수의 대기업 출신의 엘리트들로 구성되었고, 같은 팀에도 우수한 인력들이 많이 배치되어 함께 동기로 구성되었다고 저를 찾아왔습니다. 그런데 저는 하나 확신했습니다. 그 구성원 중에서 저와 함께 근무를 했던 그 매니저가 가장 역량이 뛰어나다고 자신을 했습니다. 제가 교만하다고요? 네, 맞습니다! 물론 모든 역량이 뛰어나다는 것은 아닙니다. 그러나 저와 함께 일했던 직원들은 하루에 거의 18시간 이상 '어떻게 팔까?'를 고민하는 친구들입니다. 즉 한국의 한 회사에서 일하던 근무자가 영국, 독일, 프랑스, 그리고 유럽 국가에 그 나라 언어로 그들이 원하는 키워드로 후킹(hooking)을 하고, 그들이 원하는 이미지로 유인을 해서 판매를 적중시키는 연습을 매일 합니다. 그리고 그것이 매일 숫자와 결과로 나오고, 그것을 저와 함께 분석하고 논의했습니다.

자, 그럼 그냥 대기업에 들어가서 업무를 하는 사람들과, 저와 함께 이런 고민을 매일 하고, 기획을 하며, 수없이 혼났던 사람들 중 누가 더 업무에 우수할까요? 만약 관련 업무를 한다면 우리나라에서 우리 직원들보다 잘할 수 있는 사람들이 많지 않다고 저는 자부합니다. 그래서 저는 오랜만에 그 직원을 만났을 때 "자신감을 가져라. 그리고 꼭 질문해라! 너 그 로컬 시장 개인 고객에게 팔아보았냐. 또는 팔아보기 위해 어디까지 해 봤냐? (어디 광고 같네요!)"라고 물어보라고 조언했습니다. 그러면 그 질문에 대답을 할 수 있는 사람들이 많지 않을 것이라고요!

이와 같이 아마존은 정말 기획부터 소싱, 가격 결정, 비용 결정뿐만 아니라 판매 CS 처리까지 모든 부분이 완전 녹아있는 해외사업의 결정체입니다. 많은 분들이 기회만 보고 미국 시장에 대한 무분별한 자신감만으로 도전을 하지만, 대부분 곧 어려움을 겪게 됩니다. 제가 이렇듯 자부하는 직원들 중에서도 앞에서 소개한 몇 가지 요소가 빠지면 아마존 사업을 성공시키기 힘든 상황에 봉착하게 됩니다. 이러한 모든 요소가 완벽하게 준비가 되어도 성공 확률을 높일 뿐이지, 아마존 성공을 보장하는 개런티는 되지 못합니다.

3. 아마존 사업을 위해 준비해야 할 내용이나 마음가짐에 대해 조언해 주세요.

최우석

이 부분을 가장 디테일하게 타게팅하려면 일단 저보다 젊은 다음 세대에게 말씀드리고 싶습니다. 그전에 저는 이미 40대 중반이므로 저의 이야기를 감안하고 들어주세요. 저는 어렸을 때 항상 경제적으로 뿐만 아니라 거의 모든 상황에서 약자의 상황에 많이 놓였습니다. 그래서 내 능력과 경험이 부족해도 항상 성공과 성취(achievement)를 갈구해 왔습니다. 주변에서 내 지인들이 제 자신을 혹사시킨다고도 말했지만, 그게 '나'인 것 같다고 생각했습니다. 그리고 그 원동력은 가난과 기댈 곳이 없음에 대한 강력한 반발감이었습니다. 그런데 조직생활을 하면서 많은 사람들을 만나보니 나보다 너무 뛰어나고, 능력 있으며, 감각 있는 사람들은 많았지만, 절실하게 갈구하는 사람들은 많지 않았습니다. 그 이유는 내가 스타트업 하는 것을 아는데~ 다들 눈치만 보다가 망하는 것인지, 아니면 사업은 좀 되는데 적극성이 부족해 보였습니다. 나도 리스크를 싫어하지만 몇 가지 헷지(hedge)를 하면 용감하게 뛰어들 수 있었습니다! 마치 아마존 사업처럼요.

이렇게 뛰어든 이유를 생각해 보았습니다. 지금 2000년대 생이 오고 있는데, 그들이나 그 바로 전 세대들은 여러 가지 면에서 매우 풍족한 것 같습니다. 다른 어려움도 있겠지만, 아마존 사업을 하려면 '갈구함'이라는 마음가짐을 준비해야 합니다. 하지만 이러한 준비는 하루아침에 되는 일이 아니므로 이 부분을 계속 말하기는 어렵지만 말해야 한다고 생각했습니다.

아마존 사업을 초기 세팅을 하기 위해 (브랜드 사업의 경우) 상당히 많은 비용과 노력, 콘셉트에 대한 고민과 철저한 준비가 필요합니다. 그래서 이것을 시작할 바에는 오히려 직장 생활이 낫다고도 생각하게 됩니다. 저도 초반에 삼성동 르호봇에서 혼자 있을 때 그 앞에 있던 대기업의 직원들이 네임 태그를 달고 삼삼오오 모여서 점심식사를 하는 모습을 보고 부럽기도 하면서 과거의 조직 모습을 생각하며 마음이 슬퍼지는 등 여러 가지 복잡한 마음이 들었습니다. 그러다가 '연봉 5천만 원이면 아마존 매출 5억 원 이상 하는 사업체를 하는 것과 같겠다!'라는 생각을 했습니다. 즉 월급받는 게 제일 쉽고 아마존으로 그 이상을 벌기에는 정말 많은 노력을 투자해야 합니다. 그래서 내린 결론은 '그래도 여전히 사업을 하고 싶으면 해라!! 그 마음이면 할 수 있다!'였습니다.

저는 이렇게 표현합니다. '동물원에서 나와서 죽음의 강을 건너라! 죽음의 강을 건너도 광야이지만, 자유의 땅을 걸을 수 있다.'라고요. 수많은 사람들이 죽음의 강을 건너다가 죽습니다. 저도 물론 죽을 뻔 했습니다. 모두들 힘내십시오!

김대원

아마존의 판매 트렌드는 PMF(Product Market Fit)라고 말하고 싶습니다. 즉 그로스 해킹(growth hacking)에 나온 '시장에 맞는 제품을 개발하라!'입니다.

제가 만난 대부분의 한국 제조업체들은 제조를 하면서 아마존에 판매하고 싶어 했습니다. 하지만 수많은 기업들이 패키지부터 이미지까지 한국말이 있는 그대로 아마존에 판매하는 경우가 많았습니다. 제가 상담할 때 주로 다음 질문을 합니다. "아마존은 미국 시장입니다. 오프라인 수출할 때 적어도 영문 패키지 작업을 해서 발송하지 않으시나요?"매번 이렇게 설명해야 그제서야 "아~"라는 말과 함께 이해합니다. 좀 더 세분화해서 설명하자면 IT 빅데이터 시스템을 통한 시장 분석 및 판매 데이터를 가지고 수출용 제품을 합리적인 가격에 체계적인 판매를 진행한다면 성공할 확률을 높일 수 있다고 말할 수 있습니다.

4. 아마존에서 성공한 대표적인 국내 사례를 소개해 주세요.

최우석

슈피겐은 정말 아마존 사업에 대표적인 사례입니다. 저는 슈피겐 출신 중 CEO 말고 가장 높은 직위의 직책까지 경험해 보았고 상당히 많은 의사 결정을 도맡아서 해 왔습니다. 사업 초반에는 대표님과 출장을 다니면서 동고동락했고, 해외 출장으로 밤 늦게까지 고생하면서 기획을 했습니다. 슈피겐의 주요 결정과 인사 결정에 거의 모두 참여했는데, 지금 되돌아보면 정말 즐겁고 행복한 시간이었습니다. 저에게 슈피겐은 은인 같은 회사이자, 모교 같은 회사입니다. 제가 꼭 갚을 수 있을 때 기여를 하고 싶고, 제가 함께 성장을 한다면 슈피겐의 발전에 어느 정도 기여하고 싶은 생각도 있습니다. 마치 사회에 나온 졸업생의 마음처럼 말입니다.

슈피겐은 아마존이라는 키워드로 대한민국에서, 아니 글로벌로 큰 획을 그은 회사입니다. 내가 슈피겐 출신이라서가 아니라 업무 진행 방식이나 발전 방향이 정말 특별한 회사입니다. 가장 중요한 김대영 대표님 자체도 정말 탁월하셔서 모든 플랜과 형상이 그분에게서 나왔다고 해도 과언이 아닙니다. 그중에서 가장 탁월한 부분은 아마존에 접근하고 아마존 사업을 키워온 방법론입니다. 나는 그분에게서 사업적 노하우와 패턴, 그리고 전술 전략을 다 배웠는데, 그 전략이 아마존 사업과 제품에 다 녹아있습니다. 그래서 전체 매출의 90% 이상을 해외(미국, 유럽, 일본, 그리고 글로벌 30개국 이상)에서 꾸준히 매출을 내고 있습니다. 이러한 슈피겐의 영향력은 한국 제조사와 여러 유통사들에게 미쳐서 개인적으로 보아도 아주 큰 역할을 담당하고 있습니다.

그 안에 슈피겐 아마존 조직이 있어서 여러 가지 노하우와 시스템뿐만 아니라 탁월한 역량을 갖춘 인재들로 꽉 차 있습니다. 수많은 제품들을 판매하고 전략을 진행하지만, 각자 맡은 태스크와 업무들을 훌륭히 처리하고 있습니다. 너무 슈피겐코리아를 자랑하는 것 같은데, 거의 사실에 가깝습니다.

하나 더 이야기하자면 아마존은 레드오션 마켓입니다. 슈피겐은 절대 블루오션에 들어가지 않습니다. 아마존에서 키워드가 형성되어야 사업에 들어갈 수 있어서 저도 이러한 전략을 쓰고 있습니다. 제가 김대영 사장님께 가장 감명 깊게 들었던 일화를 소개합니다. 아이폰 4 때 애플이 휴대폰 안테나 이슈가 있어서 애플 정품 범퍼를 모두 공짜로 나누어 주었던 일이 있었습니다. 저도 당시 아이폰 4를 구매하면서 이것을 받았던 기억이 있습니다. 그런데 이때 왠만한 멘탈을 가진 액세서리 업계 사장님들은 모두 망했다고 하면서 망연자실했다고 합니다. 왜냐하면 대부분의 액세서리 업체들이 기기를 끼워팔았는데, 애플에서 공식적으로 액세서리를 구매고객 누구에게나 무료로 제공했기 때문이죠.

제가 근무한 지 6개월 정도 되었을 때 김대영 사장님은 정말 무섭게 집중하셔서 애플 범퍼보다 더 좋은 슈피겐 '네오하이브리드'를 개발하셨고, 그 제품 덕분에 우리가 글로벌 시장에서 정말 유명해질 수 있었습니다. 이 과정에서 문제가 없었을까요? 제품은 완벽했을까요? 그렇지 않았습니다. 하지만 이러한 도전이 대치동의 아주 작은 회사를 글로벌 중견 기업으로 발전시킬 수 있는 힘이 되었습니다. 그리고 아주 작은 실마리지만, 아마존에도 입점할 수 있는 계기가 될 수 있었습니다. 이와 같이 슈피겐은 항상 어려운 도전을 잘 이겨냈는데, 이것이 바로 성공 사례 중 가장 멋지게 뽑고 싶은 하나의 사례입니다.

슈피겐은 역발상을 기회로 만드는 회사입니다. 가장 강력한 역발상의 DNA는 대표로부터 나오고, 다시 각 팀과 팀원으로부터도 나옵니다. 이러한 역발상을 기반으로 아마존 플랫폼으로 진출했습니다. 당시 슈피겐이 아시아 국가들과 중국, 그리고 일본에서 주로 판매했던 제품들은 화려했지만, 미국 아마존으로 들어가면서 핑크와 블루, 비비드 컬러를 미국인들이 선호하는 어두운 색상이나 검은색으로 바꾸었습니다. 이 과정이 물론 쉽지는 않았습니다. 당시에 영국 아마존에는 'Great Shield'라는 보호 케이스가 있었는데, 이 제품의 판매 상황을 계속 눈여겨 관찰하면서 판매에 대한 자신과 시장에 대한 확신이 생겼습니다. 그래서 나온 제품이 바로 '터프아머(Tough Armor)'입니다. 이 제품이 개발되기까지 오랜 시간이 걸렸습니다. 하지만 우리가 잘하는 제품보다 시장에 맞는 제품에 대한 역발상이 끊임없이 논의되어 결국 좋은 제품이 나오는 회사가 바로 슈피겐입니다. 저의 개인적인 생각이지만, 제품이 아마존 사업에 아주 큰 부문을 차지하는데, 이것이 바로 가장 큰 성공 요인이지 않을까 합니다.

5. 기존 도서와 이 책의 차이점은 무엇인가요?

최우석

저는 아마존 사업을 준비하면서 아마존 관련 서적을 찾아보았고, 혹시 내가 모르는 부분이 있을 수 있으니 여러 유튜브 영상도 구독해서 보았습니다. 그러나 이걸 뭐라고 할까~ 좀 답답했습니다. 아마존 관련 도서들은 거의 모두 전문적으로 구성되어 있습니다. 특히 매뉴얼화된 책들은 거의 완벽에 가까웠는데, 사실 이러한 부분으로 아마존 사업을 성장시키는 포인트는 없었습니다. 이러한 이유에 대해 많이 고민해 보았는데, 그것은 우리나라에서는 아마존에서 아주 성공적으로 판매한 사람이 많지 않기 때문이라고 생각했습니다. 그리고 하나 더! 아마존으로 해외 런칭을 잘했어도 노하우나 본인의 기술을 쉽게 공개하기가 어렵겠다는 생각을 했습니다. 이것은 저도 마찬가지였는데, '이런 게 노하우일까?'라는 생각뿐만 아니라 '뭐 특별한 것이 있을까?', '아니면 제품과 카테고리마다 모두 전략과 방법론이 다를 텐데, 내가 이상한 짓을 하는 게 아닐까?'라는 생각이 많이 들었습니다.

저는 어차피 다음 세대라는 개념으로 창업을 했고, '작은 경험이라도 가능할 때 공유해 보자.'라는 동기를 가지고 이 책을 쓰기 시작했는데, 이것이 바로 다른 책들과의 가장 큰 차이점이라고 생각해요. '좋다', '나쁘다'의 차이라기보다 내가, 또는 우리가 가진 경험을 기반으로 조금이라도 진보하기 위한 작은 발걸음이라고 생각하면 됩니다.

이 책의 1장 '아마존에서 브랜드 사업하기'(저자 최우석)에서도 소개했지만, 아마존 사업에서 성공한 분들의 매우 큰 노하우라도 처음 시작하는 분들에게는 별것 아니라고 생각할 수 있습니다. 아마존에는 왕도가 없습니다. 그러나 아주 작은 차이가 큰 다름을 만든다고 생각하고, 우리의 경험을 우리의 상황에서 천천히 고민해 본다면 더욱 의미 있게 책을 볼 수 있을 것입니다. 이 책을 활용해서 아마존 사업 준비 방법 등을 생각해 보는 것도 좋습니다.

6. 이 책을 쓰면서 어려웠던 점은 무엇인가요?

최우석

세 아이의 아빠여서 주말에 시간을 내기가 힘들었고, 사업 초반이라 사업에 집중하기도 바빴습니다. 물리적으로도 부족한 부분이 많았지만, 책을 쓰는 데 가장 큰 장애물은 바로 자신감 부족이었어요. '그냥 나 혼자 사업하기도 바쁜데 무슨 책을 쓰냐?', '이 책이 과연 도움이 될까?', '혹시 망신당하는 건 아닐까?' 등등 저를 무력화시키는 질문을 스스로에게 끊임없이 하게 되었습니다. 또한 저를 지켜보고 있는 슈피겐 직원들과 동료 임원들, 그리고 사장님께서 저를 어떻게 생각하실지 등도 참 고민스러운 부분이었습니다.

이렇게 힘든 상황 속에서도 조금씩 집필을 시작했고, 함께 했던 저자들과 미팅을 하면서 집필 방향을 구체화할수록 자신감도 생겼습니다. 아직 우리나라에 이런 아마존 관련 책자가 많아 보이지 않았기 때문에 재미있는 책이 될 수 있을 것 같았습니다. 그러나 쓰다 보니 나의 노하우가 점점 다 묻어나오기 시작해서 '이러다 내 밥그릇 다 빼앗기겠네!'라는 생각도 솔직히 들었습니다. 하지만 나의 도전기가 전반적인 사업에 도움이 되었으면 좋겠다는 대의적인 생각이 들기 시작했어요. 아마존 사업을 어느 정도 해 본 사람들이어야만 받아먹을 수 있는 노하우라는 생각을 했습니다. 바쁜 일정 가운데 어렵게 추진해서 책을 내었습니다. 아주 작은 저의 노하우이지만, 아마존 사업을 하는 분들과 도전하려는 분들께 조금이라도 도움이 되기를 간절히 바랍니다.

윤일도

집필하면서 가장 힘든 것은 일단 시간이 부족하다는 것이었어요. 신사업 프로젝트를 하다 보니 업무 강도가 상당했고, 일과 개인생활이 전혀 분리되지 않는 상황이었습니다. 게다가 현재의 회사에 입사하기 전에 개인적으로 수주한 프리 건이 몇 개 있어서 여러 일을 동시에 하느라 주로 주말에 시간을 내어 집필을 했습니다. 공동 집필하신 두 분도 마찬가지로 집필이 고달프셨을 겁니다. 그리고 제가 쓴 챕터는 피벗팅이 두 번 있었습니다. 처음 기획 시점에서는 창업 관련 비즈니스 이론과 그것을 바탕으로 한 창업 경험을 쓰는 것이었어요. 하지만 아마존에 특화하는 것으로 1차 피벗팅이 발생했고, 이후 브랜드 마케팅으로 최종 피벗팅이 생겼기 때문에 개인적으로 한 챕터를 세 번 쓴 느낌이었답니다! ^^

김대원

이 책을 쓰면서 가장 어려웠던 점은, '나의 경험이 독자분들에게 과연 큰 도움이 될까?'라는 스스로에 대한 질문이었습니다. '아마존'이라는 거대한 시장에서 내가 판매에 성공한 경험이 과연 독자들에게도 도움이 되는지를 많이 고민해 보았어요. 이렇게 수많은 고심 끝에 집필을 시작하였습니다. 현재 책을 다 쓰고 나니 단 한 명의 독자라도 이 책을 읽고 답답함이 조금이라도 해결되고 공감이 되었다면 그것으로 만족합니다.

《퇴근 후 아마존》을 마무리하며 ─────────────

오늘도 다른 날과 비슷하게 새벽 2시에 한 번 깨고, 새벽 4시에 또 한 번 깨서 아마존 세일즈를 확인했다. 아마존 사업을 시작하거나 업무를 시작하면 거의 모든 순간에 나의 판매 제품, 경쟁사의 변동 사항을 계속 확인해야 한다. 최근에 나의 The Best Selling 제품이 말도 안 되는 이유로 2020년 추석 연휴 바로 전날, 그리고 아마존에서 일년의 가장 큰 대목인 프라임데이에 판매 정지를 당했다. 이때 나는 아주 난감하고 하늘이 무너지는 듯한 좌절감에 빠졌다. 하지만 "아~ 이제 슈테인더 제품을 경쟁사로 보는구나!"라는 생각이 들어 나름 뿌듯하면서도 금방 기쁜 생각이 들었다. 물론 그달에 10일 이상 여러 가지 방법을 통해서 제품을 복구시켰다. 물론 세일즈는 많이 감소했지만, 또 열심히 노력하고 비용을 들여서 다시 복구할 수 있었다.

아마존 사업은 업무, 특히 퇴근 후 사이드 잡으로 하는 분들에게는 어쩌면 아주 벅찬 사업 소재가 될 수 있다. 나는 하루 종일 여러 가지 생각과 기획과 연계된 업무를 진행하고 있고, 이제는 제법 바빠지고 있다. 집필을 정리하면서 이 책을 읽는 독자들은 그냥 쉽게 셀링을 하고 아마존 플랫폼을 이해하고 싶어서, 그리고 사이드 잡으로 미래를 준비하는 정도라고 생각했다. 하지만 나는 아마존에서 제대로 수익을 내고 사업화하려면 '죽음의 강(River of the Death)'을 한 번 건너야 한다고 후배들에게 이야기한다. 즉 내 경험상 판매 부진에 대한 자존심의 죽음, 자금이 없을 때 갈급함의 죽음, 그리고 극심한 심적 고통과 사막과 같은 막막함이 있다. 과정이 전혀 쉽지 않을 뿐만 아니라 비용 관리도 중요하며, 특히 전략적 사고가 요구되는 치열한 시장 한복판의 생존이라고 보면 된다. 게다가 주변 경쟁 상인들은 세계에서 가장 강한, 그리고 무자비한 중국 셀러들이다.

이 책은 취미나 연습을 하는 분들에게는 큰 도움이 안 될 수 있다. 오히려 그동안 '왜 나는 판매를 하지 못할까?' 또는 '치열하게 판매 전략을 고민했던 분들'에게 작은 도움이 될 수 있을 것이다. 그래서 나는 앞으로 아마존과 해외사업에 관련된 노하우를 위해 한 걸음 더 나아가 작은 도전을 계속 실현하고 싶다. 다만 걱정되는 것은, '내가 혹시 이 책에서 너무 큰 희망을 담았나?' 하는 질문이다. 대부분의 사람들은 '아마존'을 '기회와 대박'이라고 생각한다. "좋은 제품이 있는데, 이걸 아마존에서 팔면 대박날 것 같아요!"라고 말한다. 하지만 절대 아니다! 아마 이 책을 읽고 도전하는 분들은 대부분 아마존에서 실패했거나 매출이 나빴던 경험을 했을 수 있다.

나는 어렸을 때 아버지의 사업 실패로 청소년기와 청년기 때 극심한 경제적인 어려움을 겪었다. 그래서 사업에 대한 트라우마가 있으니, 혹시 무모한 도전을 할 거라면 그냥 계속 직장을 다니라고 진심으로 당부하고 싶다. 이 책의 집필 목적은 아주 조그마한 부분이라도 실패에 대한 리스크를 줄이고 안정적으로 사업하려는 것이니 부디 대박의 꿈은 버려주길 바란다.

이 책을 정리하면서 꼭 감사할 가족과 팀이 있다. '슈퍼겐'이라는 회사에서 10년간 빠르고 크게 성장하기 위해서 정말 열심히 일했고, 부족한 나에게 일생일대의 기회라고 생각해서 한 번도 마음 편히 쉰 적이 없었다. 휴가를 가서도 항상 휴대폰으로 업무 상황을 처리하고, 톡으로 직원들에게 업무를 지시하면서 대표님께 보고했다. 지금도 물론 잠을 설치며 아마존 업무에 매진하고 있다. 회사 다닐 때 내가 편안히 쉴 수 있었던 유일한 시간은 출장을 위해 비행기를 타고 있던 시간이었다. 그 시간은 어느 누구도 나에게 연락할 수 없으니 말이다.

지금은 내가 바빴고 치열하게 살았다는 이야기를 하는 것보다 꼭 감사의 이야기를 하고 싶다. 세 아이를 키우면서 가사도우미 한 번 제대로 쓰지 않고 이 어려운 시간을 도와준 아내와, 10년간 아빠의 성장 가운데 나를 가장 이해해 주고 제일 잘 아는 큰딸 최서현, 그리고 나와 대화가 되는 똑똑한 초등학교 1학년 최서온에게 진심으로 고맙다. 또한 아빠가 실직을 하고 정말 어려울 때 태어나 즐겁게 뛰어노는 3살 막내 아이 최서우에게도 꼭 진심으로 감사하고 싶다.

▲ 아무것도 없이 한 대의 컴퓨터만 가지고 시작한 삼성동 공용 사무실

▲ 처음 들어온 제품을 발벗고 포장해 준 대견한 자녀들

또한 내가 아무것도 없이 보잘 것 없는 플랜만 있을 때 개인 컴퓨터를 가지고 페이보넥스에 입사해 주신 고마운 분이 있다. 아무도 나를 믿어주지 않았던 2019년 12월, 나를 믿고 말도 안 되는 연봉으로 계약하고 조인해 주신 신수정(Favonex COO) 이사님께 큰 감사를 드린다. 20년 가까운 경력과 다양한 경험에도 불구하고 20대 신입사원 월급보다 더 적게 받고 나와 페이보넥스를 도와주신 신수정 이사님 ~ 이게 바로 진정한 도전 정신이라고 생각한다.

자, 이제 여러분도 꼭 값진 도전을 하고 그 경험을 내가 모르는 사람들에게 나눠주기를 바란다. 그게 바로 내가, 우리가, 그리고 우리나라가 살 수 있는 유일한 방법이라고 확신한다.

▲ 국내 최초로 일 매출 100개 출고를 기념하신 신수정 이사님(COO)